Roman schreiben

In einfachen Schritten zum Erstlingswerk

Hans-Joachim Kerf

*Bibliografische Information der Deutschen Nationalbibliothek:
Die Deutsche Nationalbibliothek verzeichnet diese Publikation in der
Deutschen Nationalbibliografie; detaillierte bibliografische Daten sind
im Internet über http://dnb.dnb.de abrufbar.*

© *2023 Hans-Joachim Kerf*

Covergestaltung: Hans-Joachim Kerf
Lektorat: Jessika Wolmeringer

Herstellung und Verlag: BoD – Books on Demand, Norderstedt

ISBN: 978-3-734-70895-4

"Beim Schreiben ist es wie bei der Prostitution. Zuerst macht man es aus Liebe, dann für ein paar Freunde und schließlich für Geld."

Molière (1622-73)

1

Einleitung

„Der Wert des Buchs richtet sich vor allem nach bestimmten Eigenschaften. In Leder gebundene Bücher können beispielsweise beim Abziehen von Rasierklingen unbezahlbare Dienste leisten. Dünne Broschüren dagegen eignen sich vortrefflich dazu, wackelnden Tischchen das Gleichgewicht wiederzugeben. Ein Lexikon ist hervorragend geeignet, einen Einbrecher gefechtsunfähig zu machen."
Mark Twain (1835-1910)

Sie haben sich für dieses Buch entschieden, weil Sie eine Idee für einen großartigen Roman haben, aber nicht wissen, wie Sie Ihre Gedanken umsetzen sollen? Ich will Ihnen dabei helfen, indem ich Ihnen verschiedene Tipps an die Hand gebe und Möglichkeiten der Verwirklichung Ihres Projekts aufzeige. Da ich Sie schnellstmöglich zur Vollendung Ihres Buchs bringen will, spare ich mir, Ihnen eine halbe literaturwissenschaftliche Ausbildung angedeihen zu lassen, wie das einige Autoren ähnlicher Bücher tun. Es ist nicht wichtig, dass Sie wissen, was der Unterschied zwischen Erzählzeit und erzählter Zeit ist. Sie müssen einfach nur wissen, wie Ihre Romanidee am besten in Worte zu fassen ist. Das schaffen Sie auch ohne Fachlatein!

In diesem Buch werden Sie kein Kochrezept für den "perfekten" Roman finden. Ich zeige Ihnen viel mehr die einzelnen Zutaten und erkläre Ihnen deren Geschmäcker und Nebenwirkungen. Kochen müssen Sie immer noch selbst. Denn Ihr Roman soll ja ein von Ihnen persönlich geschriebenes Buch werden und nicht ein nach Baukastenprinzip hergestelltes Massenprodukt. Auch wenn Sie jetzt enttäuscht sein sollten, bin ich mir sicher, dass Sie in meinem Buch etliche Anregungen für Ihren Roman finden werden. Und vielleicht auch schon in wenigen Monaten ein vollendetes Werk auf Ihrem Schreibtisch liegen haben.

In den einzelnen Kapiteln nenne ich stets interessante Lesetipps zu einzelnen Erzähltechniken. Scheuen Sie sich nicht, diese Bücher in einer Buchhandlung durchzublättern oder gar zu kaufen. Denn mein erster Tipp lautet:

Lesen Sie gute Bücher!
Damit meine ich nicht die Art Bücher, die durch eine Erfolgswelle für wenige Wochen vorn auf der Bestsellerliste rangiert und nach einem Jahr keiner mehr kennt. Ich rede von den großen europäischen, britischen und amerikanischen Autoren, die ihre Zeit durch ihre Literatur geprägt haben. Durch ausreichendes Lesen, wissen Sie, wie ein Buch aussehen kann. Sie lernen die unterschiedlichsten Facetten der einzelnen Erzähltechniken kennen und können sich ein Bild machen, wie Sie Ihren eigenen Roman schreiben möchten.
Es sollte Sie nicht überraschen, dass ich Ihnen und Ihrem langsam erblühenden Werk keine Erfolgsgarantie geben kann. Der Büchermarkt ist nicht leicht zu erobern, aber dazu kommen wir später.

Zunächst wollen Sie ein Buch schreiben!
Danach können wir uns Gedanken über die Vermarktung machen.

2

Aller Anfang ist schwer

"Ich empfand plötzlich das Bedürfnis, ein neues Buch von mir zu lesen. Also habe ich eines geschrieben."
Marguerite Duras (1914-96)

Wenn Sie noch nicht viel Erfahrung im Schreiben haben, werden Ihnen die ersten Schritte schwerfallen. Deswegen haben Sie sich wahrscheinlich auch für dieses Buch entschieden. Ich werde Ihnen in diesem Kapitel Schreibübungen und die Grundlagen des Schreibens näherbringen.

2.1. Übung macht den Meister

Sie müssen unbedingt regelmäßig schreiben. Da Sie wahrscheinlich noch nicht an vielen Schreibprojekten arbeiten, sollten Sie regelmäßig Schreiben üben. Hierfür bieten sich verschiedene Übungen an. Sie sollten z. B. das Beschreiben von Charakteren üben. Das können Sie überall machen, z. B. im Café oder in der Bahn. Beobachten Sie einfach die Personen in Ihrem Umfeld und beflügeln Sie Ihre Phantasie. Wer könnte die junge Frau am Nebentisch sein? Vielleicht eine Studentin, eine Journalistin, eine Bürokauffrau, vielleicht arbeitslos oder Hausfrau und Mutter. Ist Sie geizig oder großzügig? Faul oder fleißig? Liebenswürdig oder argwöhnisch? Wie kann man Sie beschreiben, ohne dass man langweilig sagt, sie habe braune, lange Haare und trage eine Jeans und ein T-Shirt. Vielleicht hat Sie eine große Nase, die an die eines alten Philosophen erinnert? Ihrer Kreativität sind keine Grenzen gesetzt. Weitere Angaben zur Kreation neuer Figuren finden Sie im Kapitel 2.2.4.

Außerdem sollten Sie alle gängigen Erzählperspektiven regelmäßig üben. Die Erzählperspektiven lernen Sie im Kapitel 2.2.5. kennen. Deswegen werde ich hier nicht näher darauf eingehen, sondern gleich zu den Grundlagen des Schreibens übergehen. Ich möchte nur noch darauf hinweisen, dass Sie weitere Angaben zu den Schreibübungen am Ende dieses Buchs im Anhang finden.

2.2. Grundlagen

Bevor Sie sich mit dem Schreiben eines Buchs beschäftigen, sollten Sie bestimmte Voraussetzungen genauestens überdenken. Denn nichts ist schlimmer als 100 Seiten eines Buchs geschrieben zu haben und zu merken, dass man den falschen Erzähler gewählt hat. Den Elan, das halbe Buch neu zu schreiben, hätte ich dann ehrlich gesagt auch nicht. Deswegen geht es in diesem Kapitel um
- Idee
- Plot
- Figuren
- Erzähler
- Zeit

Wenn Sie sich schon ausreichend mit diesen Fragen beschäftigt haben, können Sie diese Kapitel getrost überspringen und mit Kapitel 3 "Endlich Schreiben!" fortfahren.

2.2.1. Ihre Idee - Der Anfang von Allem

Wie sieht Ihre bisherige Romanidee aus? Haben Sie eine Handlung im Kopf und wollen diese zu einem Roman ausarbeiten? Oder schwebt Ihnen eine Figur vor, um deren Leben sich Ihre Geschichte drehen soll?
Das generelle Problem ist, dass man als Anfängerautor die eigene Idee nur schlecht ausgearbeitet hat. Deswegen sollten Sie sich weitere Gedanken machen.
Als Beispiel dient mir der Roman *Effi Briest* von Theodor Fontane. Ehe ich ein Stöhnen vernehme, aufgrund der Erinnerungen an Ihre Schulzeit, sollten sie bedenken, dass dieser Roman trotz allem ein grandioses Buch ist.
Kurz zusammengefasst lässt sich sagen, Fontane hatte die Idee, einen Roman über eine junge Frau zu schreiben, die aufgrund einer Affäre von ihrem Mann verstoßen wird. Diesen kleinen Handlungsausschnitt könnte man nicht nur, wie hier, in einem Satz, sondern auch ausführ-

licher mit ein paar Seiten umschreiben. Dann hätte man eine schöne, kleine Geschichte. Aber noch keinen Roman! Woher kommt also der wortgewaltige Roman? *Effi Briest* hat immerhin ca. 350 Seiten (je nach Größe des Drucks). Also kann die erste Idee ja nicht alles sein. Richtig erkannt! Sie müssen Personen hinzufügen, die eine wichtige Rolle spielen. In dem Fall von Fontanes Roman kann man leicht zu Effi, ihrem Mann und ihrer Affäre ihre Eltern hinzufügen.
Was gibt Ihre Idee her? Wollen sie über einen Banküberfall schreiben? Dann können sie Ihr Personenrepertoire um Bankangestellte, Geiseln und polizeiliche Ermittler erweitern.
Die Handlung von *Effi Briest* wäre mit a) fremdgehen und b) verstoßen werden natürlich wenig ausgereift und genauso lesenswert. Zunächst möchte ich Ihnen eine einfache Formel an die Hand geben, bevor wir uns dem Plot widmen:
Davor, dazwischen und danach ist immer noch Platz für einen kleinen Skandal.
Wenn sie an den Banküberfall zurückdenken. Die Ideen a) und b) seien hier Banküberfall und Festnahme.

1. Davor: Die Bankräubertruppe merkt, dass sie keine Munition für ihre Waffen mehr hat, da sie alles in Proben verschossen haben
2. Dazwischen: Bei der Flucht verlieren die Bankräuber auf amüsante Weise die Beute und müssen sie wiederfinden.
3. Danach: Streitereien im Knast oder ein versuchter Ausbruch.

Die Ideen sind breit gefächert. Sie müssen nur Ihrer Kreativität freien Lauf lassen. Ohne diese schöpferische Begabung wären Sie wohl kaum auf die Idee gekommen, ein Buch zu schreiben.

2.2.2. Der Plot –
Das A und O des erfolgreichen Romans

Als Plot bezeichnet man als Literaturwissenschaftler gewöhnlich den Handlungsverlauf eines Prosawerks.
Bereits Aristoteles äußerte sich in seinem Werk "Poetik" zum Aufbau einer erzählenden Dichtung und erklärte:

"Was die erzählende [...] Dichtung angeht, so ist folgendes klar: man muß die Fabeln wie in den Tragödien so zusam-

menfügen, daß sie dramatisch sind und sich auf eine einzige, ganze und in sich geschlossene Handlung mit Anfang, Mitte und Ende beziehen, damit diese, in ihrer Einheit und Ganzheit einem Lebewesen vergleichbar, das ihr eigentümliche Vergnügen bewirken kann. Außerdem darf die Zusammensetzung nicht der von Geschichtswerken gleichen; denn dort wird notwendigerweise nicht eine einzige Handlung, sondern ein bestimmter Zeitabschnitt dargestellt, d. h. alle Ereignisse, die sich in dieser Zeit mit einer oder mehreren Personen zugetragen haben und die zueinander in einem rein zufälligen Verhältnis stehen."[1]

Aristoteles legt einem Autor also nahe, eine Geschichte nicht mit Handlungen zu überfüttern. Es gibt immer eine Hauptidee, die sich durch das ganze Werk zieht und alle ergänzenden Details beziehen sich zwangsläufig auf diese eine Idee.

In unserem vorliegenden Roman ist die Hauptidee die junge Frau, die Ehebruch begeht. Also sehen wir uns mal die nähere Ausstaffierung dieser Idee an.

Effi Briest beginnt mit der Verlobung zwischen Effi und Geert von Instetten. Wir begleiten das Paar auf ihre Hochzeitsreise und zu ihrem gemeinsamen Wohnort in Kessin. Ebenso sind wir als Leser dabei, wenn das Kind der beiden zur Welt kommt und Effi ihre Affäre Major von Crampas kennen und lieben lernt. All das ist nicht unnötiges Beiwerk, sondern macht den Roman erst lesenswert. Theodor Fontane führt den Leser von der Verlobung der jungen Effi zur Katastrophe (und dem Höhepunkt des Romans) hin. Als Leser kann man sich in Effi hineinversetzen, da man sie auf den vorangegangenen 100 Seiten auf ihrem Lebensweg begleitet hat und sie vielleicht auch in ihrer Handlungsweise verstehen kann.

Auch wenn Sie keinen Liebesroman schreiben wollen, wissen Sie, dass Ihr Roman einige Seiten vor dem Höhepunkt anfangen und sich nur gemächlich auf diesen hin bewegen sollte. Man sollte nicht mit der Tür ins Haus fallen, damit der Roman nicht langweilig und platt erscheint.

Nach der Affäre und der Verstoßung Effis ist der Roman keineswegs zu Ende. Wir haben Anteil an dem Duell zwischen dem gehörnten Ehemann und dem Liebhaber. Wir erfahren von Effis Krankheit und

---

[1] Aristoteles (1994): Poetik. Übers. u. hg. v. M. Fuhrmann, Stuttgart, S. 29.

ihrem Tod.
Keinesfalls muss Ihr Buch auch mit dem Tod Ihrer Romanfigur enden. Aber es sollte auch nicht nach dem Höhepunkt Schluss sein. Kehren wir zu unserem Banküberfall-Beispiel zurück: Wenn der Raub über die Bühne gegangen ist, ist das Buch hoffentlich nicht zu Ende.
Im Kapitel 2.1. habe ich bereits auf verschiedene Möglichkeiten der Weiterführung hingewiesen. Welches Ende passt in den Zusammenhang Ihres Romans? Falls Sie mehrere Ideen haben, schreiben Sie jede Möglichkeit auf und entscheiden Sie sich später. Denn die Wahl eines Romanendes hängt natürlich von der gesamten Konzeption Ihres Buchs ab. Wenn Sie mit keinem Wort einen Gedanken an den Tod verschwenden, sollten Sie ihn nicht auf die letzte Seite Ihres Romans packen.
Um eine bessere Übersicht über Ihren Plot zu bekommen, sollten Sie sich einen Szenenplan entwickeln, in dem Sie festhalten, welche Handlung welche bedingt.

2.2.3. Vergessen Sie niemals den Sex!

Diesen Satz sollten Sie sich über Ihren PC oder Ihre Schreibmaschine, falls Sie noch ganz klassisch schreiben, an die Wand hängen. Er gilt sicher nicht für jedes prosaische Werk, sollte aber stets in Betracht gezogen werden. Denn nichts macht ein Werk so interessant, wie eine leidenschaftliche Verwicklung. Bei "Effi Briest" natürlich in der Idee selbst, der Affäre, zu finden. In unserem Banküberfall-Beispiel z. B. in einer sexuellen Annäherung eines Bankräubers und einer Polizistin oder Bankangestellten denkbar.
Schon die neuesten Actionfilme zeigen, dass selbst thematisch ganz anders orientierte Unterhaltung nicht ohne das prickelnde Gefühl auskommt, das zwei sich Liebende beim Leser oder Zuschauer verbreiten.

2.2.4. Die Figuren – Unentbehrliche Handlungshelfer

Keine Handlung ohne Handelnde! Ein Roman wird erst lebendig durch seine handelnden Personen, oder auch Tiere, wie E.T.A. Hoffmann mit seinem Roman "Lebensansichten des Kater Murr" zeigt. Kein anderer Tierroman hat dessen Klasse bisher auch nur annähernd erreicht. Ein Blick in das Buch lohnt sich allemal, auch für Autoren, die sich lieber mit Menschen beschäftigen.
Besonders elementar im Zusammenhang mit den Figuren sind natürlich deren Dialoge, auf die wir im Kapitel „3.1. Dialog" zu sprechen kommen. Zunächst will ich ihnen erklären, was wichtig ist für die handlungstragenden Lebewesen in einem Prosawerk.
Vergessen Sie nie:
Keine Person ohne Persönlichkeit!
Unerfahrene Autoren neigen beständig dazu, ihre eigenen Eigenschaften in die Figuren zu packen. Das ist reichlich einseitig, weil man selbst, von ein paar Spezialfällen ausgenommen, nur eine Persönlichkeit besitzt und die Persönlichkeit die einzelnen Figuren Ihres Romans voneinander unterscheidbar machen sollte. Auch das Aussehen der einzelnen Personen ist für den Wiedererkennungswert wichtig und sollte nicht allzu stereotyp sein. Also nicht alle attraktiven Frauen in Ihrem Roman müssen blond und blauäugig sein und ihren Hintern in einen viel zu kurzen, engen Minirock zwängen. Gerade das Unstereotype macht Ihre Figuren interessant und bewahrt diese vor Fehleinschätzungen Ihrer Leser. Dabei sollten Sie auch immer bedenken, dass jede Figur – sei sie Held oder Antiheld – immer Positive und Negative Seiten in sich vereint. Niemand ist nur Schwarz oder Weiß, sondern alle Figuren in Ihrem Buch sollten bunte Figuren mit vielen Facetten haben. Um das Positive in einem Bösewicht hervorzuheben, kann man z. B. zeigen, was ihn antreibt. Denn nicht immer müssen Hass, Missgunst oder Neid der Grund für negatives Verhalten sein. Genauso ist auch kein Held perfekt und hat seine dunklen Seiten. Sie sollten jedoch zum Inhalt Ihres Romans passen.
Hierfür wieder ein paar Beispiele aus unserem Vorzeigeroman:
Effi wird uns im Roman als quirliges, junges Mädchen vorgestellt, das so gar nicht ihrer adligen Herkunft entspricht. Sie sieht aus wie ein Matrosenjunge, ist aber ein von Grund auf herzensguter Mensch. Sie liebt das Risiko und stellt sich ihre Zukunft wie ein Märchen vor, in dem sie die Prinzessin ist.

Ihr Mann, von Instetten, ist Landrat und ein alter Freund der Mutter. Er hat eine gute Figur und wirkt sehr männlich. Er verfügt über gute Sitten. Seine Karriere steht für ihn an erster Stelle und er befolgt stets die Normen der Gesellschaft.
Der Liebhaber, Major von Crampas, zeigt sich als Kavalier und hat bereits, trotz seiner Ehe, verschiedene Liebschaften hinter sich. Crampas hält nichts von Gesetzen und verhält sich leichtsinnig. Statt seinem Beruf nachzugehen, genie0t er lieber Freizeitaktivitäten wie Ausritte zu Pferd.
Und seine Frau zeichnet sich als Kennerin der gesellschaftlichen Umgangsformen aus und handelt nach den vorherrschenden Konventionen.
Herr Briest hingegen nimmt diese Konventionen nicht ganz so ernst. Er ist stolz auf seine adlige Herkunft und Menschen gegenüber skeptisch.
Sie sehen, dass jede der genannten Personen ihre individuellen Eigenheiten hat. Diese müssen Sie natürlich beim Schreiben stets beibehalten. Also im Notfall auch über 400 Seiten Text. Das ist für ungeübte Laien nicht einfach zu bewältigen. Daher sollten sie sich Ihre Charakterliste stets mit den prägnantesten Merkmalen ausdrucken und vor Augen führen. Außerdem empfehle ich Ihnen zweimal wöchentlich Schreibübungen, bei denen Sie einfach neue Figuren erfinden, die nicht in Zusammenhang mit Ihrem Werk stehen. Das kann zum Beispiel so aussehen:

> *"Denke dir einen corpulenten, breitschultrigen alten Mann, mit einem bis an die Seitenhaare kahlen Silenenkopf, und dem rüstigen Ansehen eines ächten Abkömmlings der Sieger bei Marathon und Salamin44; und ermiß nun selbst, welch einen Contrast eine solche Figur mit der Erwartung eines jungen Menschen machte, der sich nach einem ziemlich allgemeinen Vorurtheil, einen wegen seiner Weisheit und Geistesgröße berühmten Mann nicht anders als mit dem Kopf eines Pythagoras oder Solon denken konnte! Aber der vielumfassende Verstand, der in dieser hohen und breiten, über den buschigen Augenbrauen sich weit hervor wölbenden Stirne wohnt; [38] der Geist, der aus diesen stieren Augen blitzt, und dir mit jedem Blick bis auf den Grund deines Innern zu sehen scheint; der entschiedene Ausdruck eines festen, männlichen, keiner Furcht noch Schwäche fähigen Charakters, einer unwandelbaren Heiterkeit und Gleichmüthigkeit*

> *und einer biedern allen Menschen wohlwollenden Seele, dieser Ausdruck, der seinem ganzen Gesicht scharf und tief aufgeprägt ist, macht in wenig Augenblicken den ersten widrigen Eindruck schwinden; du fühlst dich immer stärker und stärker von ihm angezogen; ein unerklärbarer Zauber hält dich in seinem Kreise fest, und du wünschest, dich in deinem ganzen Leben nie wieder von ihm entfernen zu dürfen."*[2]

Nun will ich Ihnen ein paar Textbeispiele aus Fontanes Roman geben. Erinnern Sie sich noch daran, welche Charaktereigenschaften zu den Personen gehören? Nein, lesen Sie die Beschreibungen nicht noch einmal und fahren Sie mit folgendem Zitat fort, in dem ich die Personennamen durch Kürzel ersetzt habe:

> *P1 trat heran. Er war in Zivil und küßte der in ihrem Schaukelstuhl sich weiter wiegenden P2 die Hand. »Entschuldigen Sie mich, P1, daß ich so schlecht die Honneurs des Hauses mache; aber die Veranda ist kein Haus, und zehn Uhr früh ist eigentlich gar keine Zeit. Da wird man formlos oder, wenn Sie wollen, intim. Und nun setzen Sie sich, und geben Sie Rechenschaft von Ihrem Tun. Denn an Ihrem Haar (ich wünschte Ihnen, daß es mehr wäre) sieht man deutlich, daß Sie gebadet haben.«*
> *Er nickte.*
> *»Unverantwortlich«, sagte P3, halb ernst-, halb scherzhaft. »Da haben Sie nun selber vor vier Wochen die Geschichte mit dem Bankier Heinersdorf erlebt, der auch dachte, das Meer und der grandiose Wellenschlag würden ihn um seiner Million willen respektieren. Aber die Götter sind eifersüchtig untereinander, und Neptun stellte sich ohne weiteres gegen Pluto oder doch wenigstens gegen Heinersdorf.«*
> *P1 lachte.*
> *»Ja, eine Million Mark! Lieber P3, wenn ich die hätte, da hätt ich es am Ende nicht gewagt; denn so schön das Wetter ist, das Wasser hatte nur neun Grad. Aber unsereins mit seiner Million Unterbilanz, gestatten Sie mir diese kleine Renommage, unsereins kann sich so was ohne Furcht vor der Götter Eifersucht erlauben. Und dann muß einen das*

---

[2] Christoph Martin Wieland (1857): C.M. Wielands Sämtliche Werke, daraus: Aristipp und einige seiner Zeitgenossen.

Sprichwort trösten: 'Wer für den Strick geboren ist, kann im Wasser nicht umkommen.'«
»Aber, P1, Sie werden sich doch nicht etwas so Urprosaisches, ich möchte beinah sagen, an den Hals reden wollen. Allerdings glauben manche, daß ... ich meine das, wovon Sie eben gesprochen haben ... daß ihn jeder mehr oder weniger verdiene. [...] «
»Ist es keine herkömmliche Todesart. Zugegeben, meine Gnädigste. Nicht herkömmlich und in meinem Fall auch nicht einmal sehr wahrscheinlich - also alles bloß Zitat oder noch richtiger façon de parler. Und doch steckt etwas Aufrichtiggemeintes dahinter, wenn ich da eben sagte, die See werde mir nichts anhaben. Es steht mir nämlich fest, daß ich einen richtigen und hoffentlich ehrlichen Soldatentod sterben werde. Zunächst bloß Zigeunerprophezeiung, aber mit Resonanz im eigenen Gewissen.«
P3 lachte. »Das wird seine Schwierigkeiten haben, P1, wenn Sie nicht vorhaben, beim Großtürken oder unterm chinesischen Drachen Dienst zu nehmen. Da schlägt man sich jetzt herum. Hier ist die Geschichte, glauben Sie mir, auf dreißig Jahre vorbei, und wer seinen Soldatentod sterben will ... «
»Der muß sich erst bei Bismarck einen Krieg bestellen. Weiß ich alles, P3. Aber das ist doch für Sie eine Kleinigkeit. Jetzt haben wir Ende September; in zehn Wochen spätestens ist der Fürst wieder in Varzin, und da er ein liking für Sie hat - mit der volkstümlicheren Wendung will ich zurückhalten, um nicht direkt vor Ihren Pistolenlauf zu kommen -, so werden Sie einem alten Kameraden von Vionville her doch wohl ein bißchen Krieg besorgen können. Der Fürst ist auch nur ein Mensch, und Zureden hilft.«
P2 hatte während dieses Gesprächs einige Brotkügelchen gedreht, würfelte damit und legte sie zu Figuren zusammen, um so anzuzeigen, daß ihr ein Wechsel des Themas wünschenswert wäre. Trotzdem schien P3 auf P1 scherzhafte Bemerkungen antworten zu wollen, was denn P2 bestimmte, lieber direkt einzugreifen. »Ich sehe nicht ein, P1, warum wir uns mit Ihrer Todesart beschäftigen sollen; das Leben ist uns näher und zunächst auch eine viel ernstere Sache.«
P1 nickte.
»Das ist recht, daß Sie mir recht geben. Wie soll man hier leben? Das ist vorläufig die Frage, das ist wichtiger als al-

les andere. Gieshübler hat mir darüber geschrieben, und wenn es nicht indiskret und eitel wäre, denn es steht noch allerlei nebenher darin, so zeigte ich Ihnen den Brief ... P3 braucht ihn nicht zu lesen, der hat keinen Sinn für dergleichen ... beiläufig eine Handschrift wie gestochen und Ausdrucksformen, als wäre unser Freund statt am Kessiner Alten Markt an einem altfranzösischen Hofe erzogen worden. Und daß er verwachsen ist und weiße Jabots trägt wie kein anderer Mensch mehr - ich weiß nur nicht, wo er die Plätterin hernimmt -, das paßt alles so vorzüglich. Nun, also Gieshübler hat mir von Plänen für die Ressourcenabende [...]. Sehen Sie, P3, das gefällt mir besser als der Soldatentod oder gar der andere.«
»Mir persönlich nicht minder. Und es muß ein Prachtwinter werden, wenn wir uns der Unterstützung der gnädigen Frau versichert halten dürften. Die Trippelli kommt.«
»Die Trippelli? Dann bin ich überflüssig.«
»Mitnichten, gnädigste Frau. Die Trippelli kann nicht von Sonntag bis wieder Sonntag singen, es wäre zuviel für sie und für uns; Abwechslung ist des Lebens Reiz, eine Wahrheit, die freilich jede glückliche Ehe zu widerlegen scheint.«
»Wenn es glückliche Ehen gibt, die meinige ausgenommen ...«, und sie reichte P3 die Hand.

Na, haben Sie Ihrer Meinung nach immer richtig geschätzt? Falls ja, verdanken sie das nicht Ihrem detektivischen Können, sondern der schriftstellerischen Qualität des Autors.
Testen Sie so die Passagen Ihres Romans. Oder bitten Sie jemanden aus Ihrer Familie oder Ihrem Freundeskreis, die Leseproben einzelnen Charakteren zuzuordnen.
Außerdem möchte ich schon einmal vorweg nehmen, dass auch Vergleiche und Metaphern, die Sie in Kapitel „3.2. Bildlich gesprochen" kennen lernen äußerst praktisch sind, um Ihren Figuren leben einzuhauchen.
Weiterhin finden Sie im Kapitel „Schreibübungen" auch ein paar interessante Tipps zur Gestaltung Ihrer Figuren, die Sie unbedingt zu Rate ziehen sollten, wenn Sie mit der Charaktergestaltung Probleme haben.

Literaturempfehlungen:
Thomas Mann: *Buddenbrooks*

2.2.5. Der Erzähler - Ohne geht es nicht

Der Erzähler eines Prosawerks gibt die Geschichte mit seinen Worten wieder. Nein, das ist nicht der Autor! Diese Unterscheidung ist sehr wichtig. Auch wenn Sie 30 Jahre alt sind und männlich, kann Ihr Erzähler ein zehnjähriges Mädchen sein oder eine Ratte, die in der Kanalisation lebt.
Wenn sie das verinnerlicht haben, sollten sie sich fragen, mit welchem Erzähler Ihre Geschichte am besten zur Geltung kommt.
  Sie haben zur Auswahl:
  o   Ich-Erzähler
  o   Er/Sie-Erzähler

Falls Sie schon wissen, welcher Erzähler die ehrenvolle Aufgabe übernimmt, Ihre Geschichte zu erzählen, können sie mit Kapitel „2.2.6. Zeitliche Gestaltung im Roman" weiter machen.

2.2.5.1. Ich-Erzähler

Der Ich-Erzähler muss nicht zwangsläufig die wichtigste Figur im Roman sein, ist aber auf jeden Fall in die Handlung involviert, da er oder sie die Geschichte aus seiner bzw. ihrer eigenen Sicht erzählt.
Dieser Erzähler kann nur auf eigene Gedanken und Beobachtungen Bezug nehmen. Man wählt diese Erzählperspektive vorzugsweise, um dem Leser einen tieferen Einblick in diese eine Person zu geben. Aber auch Er/Sie-Erzähler können in die Köpfe ihrer Figuren schauen und ihre Gedanken wiedergeben.
Klassisch ist die Ich-Erzählperspektive im Briefroman und im Tagebuch.
Der Ich-Erzähler ist in einem Roman über das Leben einer jungen Frau leicht denkbar. Charlotte Brontës "Jane Eyre" sei hier exemplarisch genannt. Die Autorin wählte das Präteritum, um Janes Vergangenheit wiederzugeben. Diese Zeitwahl ermöglichte es Charlotte Brontë, ihrer Erzählerin einen distanzierteren und überlegteren Blick auf das Geschehen zu verleihen. So ähnelt die Erzählform des Romans an manchen Stellen einem auktorialen oder allwissenden Erzähler, da die Erzählerin das Geschehen aus ihrer aktuellen Sicht der Dinge kommentieren kann. In einer solchen Geschichte gibt es ein doppeltes Ich. Einerseits das Ich, das jetzt existiert und erlebt. Ande-

rerseits die Wiedergabe dessen, was das Ich früher erlebt hat oder glaubt, erlebt zu haben. Diese Art der Erzählperspektive nennt man erzählendes Ich.
Aber "Effi Briest" ist hingegen nicht in Ich-Perspektive geschrieben. Und das aus gutem Grund! Der Er/Sie-Erzähler bietet viel mehr Möglichkeiten für das Erzählen.

Literaturempfehlungen:
Johann Wolfgang von Goethe: *Die Leiden des jungen Werther*
Miguel de Cervantes: *Don Quijote de la Mancha*
Jules Verne: *Die Reise zum Mittelpunkt der Erde*
Daniel Defoe: *Moll Flanders*
Thomas Mann: *Felix Krull*

2.2.5.2. Er/Sie-Erzähler

Der Er/Sie-Erzähler ist nie selbst Teil der Handlung, sonst wäre er ja ein Ich-Erzähler. Es gibt verschiedene Er/Sie-Erzähler. Uns interessieren hier
- auktorialer Erzähler
- personaler Erzähler

Der auktoriale Erzähler, auch bekannt als allwissender Erzähler, zeichnet sich dadurch aus, dass er mit seiner Allwissenheit die Gegebenheiten betrachten kann, die ihn interessieren. Einerseits kann dieser Erzähler die Gedanken jeder Person wiedergeben oder auch eine Analyse der Stoffzusammensetzung ihrer Kleidungsstücke durchführen. Wenn Sie an dieser Schreibweise interessiert sind, lege ich Ihnen die Lektüre von Musils *Mann ohne Eigenschaften* nahe, da dieses Werk ein Meisterstück auktorialer Erzählkunst ist.

Ein personaler Erzähler ist ein Geschichtenerzähler, der eine Geschichte aus seiner eigenen Perspektive erzählt, normalerweise in der Ich-Perspektive. Aber auch ein Er-/Sie-Erzähler kann nur die Perspektive eines Protagonisten wiedergeben, indem er sich auf dessen persönliche Erfahrungen, Gedanken und Emotionen beschränkt. Dies ist vor allem für Bücher beliebt, in denen es einen Helden gibt. Indem man nur dem Helden des Geschehens folgt, weiß man niemals mehr als dieser und kann die persönliche Heldengeschichte hautnah miterleben, ohne dass ein Ich-Erzähler notwendig ist.

Literaturempfehlungen:
Personaler Erzähler:
Theodor Fontane: *Effi Briest*
Gustave Flaubert: *Madame Bovary*
Franz Kafka *Der Prozess*

Auktorialer Erzähler:
Robert Musil: *Mann ohne Eigenschaften*
Oscar Wilde *The Picture of Dorian Gray*
Lew Tolstoi: *Der Tod des Iwan Illjitsch*
Thomas Mann *Der Zauberberg*

2.2.6. Zeitliche Gestaltung im Roman

Sie sollten sich frühzeitig Gedanken machen, in welcher Zeit Sie Ihren Roman schreiben wollen. Zur Auswahl stehen Gegenwart und Vergangenheit. Das Schreiben in der Gegenwart vermittelt dem späteren Leser eine größere Nähe zum Geschehen. Denn das, was er liest, passiert praktisch zeitgleich. Zumindest in der Illusion. Auch in einer Gegenwartserzählung kann man Rückblicke auf frühere Ereignisse einbauen. Das Schreiben in der Vergangenheit erlaubt dem Erzähler mehr Weitblick über das Geschehen und macht den Weg für mehr Kommentierungen offen. Natürlich kann auch hier ein Bezug zur Gegenwart hergestellt werden, sowie das in Charlotte Brontës *Jane Eyre* der Fall ist. In diesem Prosawerk blickt die Erzählerin, in diesem Fall Jane, auf ihr Leben zurück und kommt praktisch am Ende des Romans in der Gegenwart an.
Mit Zeit kann man auch spielen, sowie in Jostein Gaarders *Das Kartengeheimnis*, das geradezu ein Meisterwerk der komplexen Zeitzusammenhänge ist.
Welche Zeitform Sie für Ihren Roman wählen, sollte davon abhängen, welchen Erzähler Sie benutzen. Eine Gegenwartserzählung bietet sich bei Ich-Erzählern nur an, wenn man auch die aktuellen Gedanken detailliert wiedergeben will. Bei einem auktorialen Erzähler ist die Gegenwart geradezu prädestiniert für das Schreiben eines grandiosen Buchs.

Wie ich nur oft genug erwähnen kann, müssen Sie uninteressante Dinge überspringen. Wenn Sie ein Buch über einen Kriminellen schreiben und herausheben wollen, dass er eine schlimme Kindheit hatte, können Sie ruhig mit der Kindheit beginnen. Allerdings sollten Sie sich nicht bemühen, jedes Lebensjahr abzuarbeiten. Und können getrost auch ein paar Jahre überspringen. Um zu unserem Banküberfall-Beispiel zurückzukehren: Wenn Sie wollen, dass einer der Räuber eine schlimme Kindheit hatte, wäre es zu weit vom eigentlichen Roman entfernt, mit dessen Kindheit zu beginnen. Es sei denn, die Räuberbande ist eine alte Clique aus Kindheitstagen. Ansonsten bietet sich eher an, die schlimme Kindheit des einen in der Handlung immer Stück für Stück aufkommen zu lassen.

3

Endlich Schreiben!

"Schreiben ist leicht. Man muß nur die falschen Wörter weglassen."
Mark Twain (1835-1910)

In diesem Kapitel gebe ich Ihnen weiteres Handwerkszeug, das die bereits erwähnten Grundlagen ergänzt. Dazu gehe ich auf die wichtigsten Bausteine prosaischer Werke ein.
Dazu gehören
- Dialog
- Stilistische Mittel
- Schreibstil
- Motive, Stoffe und Symbole

3.1. Dialog

Der Dialog ist einer der wichtigsten Teile eines Romans. Er vermittelt die Ansichten und Eigenschaften der Protagonisten und deren Verhältnis zueinander. Der Dialog besteht aus verschiedenen Handlungsmöglichkeiten:
- Wissens-/Meinungsaustausch
- zuhören
- ins Wort fallen
- schweigen
- schreien
- flüstern usw.

All diese Handlungen stehen für verschiedene Ursprünge, z. B. kann die Handlung "ins Wort fallen" bedeuten, dass der Handelnde ein Besserwisser ist oder dem Gesprächsteilnehmer seine Geringschätzung kundtun will. Es gibt zwar auch Romane, die fast gänzlich ohne das Mittel des Dialogs auskommen, aber auch wiederum viele, die fast nur auf Dialogen basieren.
Ein Roman mit sehr geistreichen Dialogen ist z. B. der einzige Ro-

man des Erfolgsautors Oscar Wilde: *The Picture of Dorian Gray*. Wenn Sie der englischen Sprache mächtig sind, sollten Sie es sich nicht entgehen lassen, dieses Schmankerl im Original zu lesen. Bei Übersetzungen geht leider oft viel zu viel des eigentlichen Textes verloren.

Auch unser Beispielroman ist reich an intelligenten Dialogen, wie Ihnen das Beispiel aus Kapitel „2.2.4. Die Figuren – Unentbehrliche Handlungshelfer" hoffentlich gezeigt hat.

Sie sollten vermeiden, dass Ihre Gespräche gekünstelt wirken. Das erreichen Sie z. B. dadurch, dass Sie nicht jedes Mal mit Begrüßungsfloskeln beginnen. Außerdem sollten natürliche Gesprächsteile enthalten sein wie ins Wort fallen, schweigen, Füllwörter (weil der Sprecher überlegt, sich unsicher ist etc.). Wichtig ist auch, dass Ihre Figuren nicht über belanglosen Blödsinn reden wie „Bringst du den Müll raus?" „Was kochst du gerade?" etc. Das heißt nicht, dass Sie in Ihren Dialogen stets nur über hochtrabende Dinge reden müssen. Aber die Gespräche sollten anspruchsvoll und gehaltvoll sein. Ein gutes Beispiel hierfür wäre Jane Austens *Pride and Prejudice* (zu Deutsch „Stolz und Vorurteil"), in dem die Figuren in ihren Dialogen u.a. darüber sinnieren, was Stolz ist und ob dieser zu befürworten sei oder nicht. Da der Roman von diesem genannten Thema handelt, ist der Inhalt eines solchen Dialogs für den Handlungsverlauf entsprechend gehaltvoll.

Mit Dialogen können Sie auch Sachverhalte erklären, die in Ihrem Roman nicht vom Erzähler selbst erwähnt werden. Wenn z. B. eine junge Frau ihre Eltern besucht und Sie die ganze Begrüßungszeremonie bei der Ankunft am Haus aussparen wollen, können Sie auch einfach in einem Dialog der Eltern die Mutter sagen lassen, dass die Tochter vor einer Stunde eingetroffen sei und wohl gleich zum Essen erscheinen wird.

Literaturempfehlungen:
Oscar Wilde *The Picture of Dorian Gray*
Jane Austen *Pride and Prejudice*

3.2. Bildlich gesprochen

Nicht nur in der Poesie bedient man sich einer bildlichen Sprache, in der Herzen durch den Himmel zum entfernten Geliebten fliegen. In Romanen bieten sich diese Stilmittel zur näheren Beschreibung von Gegenständen und Personen an. Für Gedanken sind sie aber in der Prosa gänzlich ungeeignet, da sie gekünstelt wirken.
Den Unterschied zwischen Metapher und Vergleich sieht man am besten an einem Beispiel:

Metapher: „Das Leben ist ein Karussell. Man dreht sich beständig im Kreis."

Vergleich: „Das Leben ist <u>wie</u> ein Karussell. Man dreht sich beständig im Kreis."

Der einzige kleine Unterschied liegt darin, dass eine Metapher eine unmittelbare Gleichsetzung mit einem anderen Objekt bedeutet. Bei einem Vergleich benutzt man hingegen das kleine Wörtchen „wie". Welche Form der bildlichen Sprache Sie jeweils anwenden, kommt auf Ihre Vorliebe und den Textzusammenhang an.
Bei Personen kann man Ähnlichkeiten zu alten Philosophen oder Tieren herstellen. Bei Gegenständen wird die Betrachtung meist etwas abstrakter. Aber generell gilt, dass es nichts Schöneres gibt, als sich interessante Metaphern und Vergleiche auszudenken. Es erleichtert dem Leser die Vorstellung des Beschriebenen erheblich. Und kann auch einfacher für den Autor sein. Stellen Sie sich nur vor, Sie wollten das Gesicht einer Eule beschreiben, weil eine Frau in Ihrer Geschichte ein ähnliches Gesicht hat. Das kann reichlich kompliziert werden. Deswegen bietet es sich an zu sagen: „Die junge Frau sah aus wie eine Eule mit ihrem breiten Kopf und den großen Augen."

3.3. Eine Frage des Stils

Dieses kurze Kapitel zum Stil kann natürlich keine der ausführlichen Stilbibeln ersetzen. Falls Sie über erhebliche sprachliche Mängel verfügen, sollten Sie unbedingt ein entsprechendes Buch erwerben. Ich empfehle hier z. B. *Deutsch für Profis* von Wolf Schneider, das 2001 im Goldmann Verlag erschienen ist.

Zu den Anfängerfehlern gehört beim Schreiben ein allzu kolloquialer Ton. Aber: **Die geschriebene Sprache ist immer eine gehobene Sprache!** Also schreiben Sie bitte nicht so, wie sie sich früh morgens mit Ihrem Metzger unterhalten. Vermeiden Sie außerdem Umgangssprache. Es sei denn, Sie wollen damit im Dialog die Herkunft einer Person hervorheben.

Benutzen Sie klare Worte und meiden Sie unnötige Ergänzungen. Diese schleichen sich vermehrt bei der Benutzung von Adjektiven ein. Schreiben Sie nicht, dass etwas "total grandios" ist, "grandios" reicht vollkommen aus, um ein Objekt zu beschreiben. Damit vermeiden Sie, dass Ihre Adjektive inhaltslos wirken und geben Ihren Worten mehr Ausdruck.

Ebenso sollten Sie alle anderen Worte, die Sie benutzen, genauestens abwägen. Ihr Stil sollte flüssig klingen und eine gute Mischung verschiedener Satzstrukturen beinhalten. Dazu gehören auch Nebensätze, die nicht in Bandwurmsätze führen sollten.

Außer Frage steht natürlich die korrekte Rechtschreibung. Ein Manuskript mit etlichen Rechtschreibfehlern wird **keinen** Verlagslektor von Ihrem Roman überzeugen, da können Plot und Stil noch so treffsicher sein. Denn der Lektor hätte letztendlich die Arbeit, Ihre Fehler zu verbessern und wer hat schon gerne viel Arbeit? Weiterhin lassen Rechtschreibfehler Sie ungebildet erscheinen. Falls Sie Probleme mit der Rechtschreibung haben, sollten Sie sich also einen Korrektor besorgen.

3.4. Motive, Stoffe und Symbole

Stoffe sind die grundsätzlichen Ideen, um die es in einem Roman geht. Motive sind wiederkehrende Strukturen, die helfen können, die Stoffe zu unterstützen. Symbole sind Figuren, Charaktere, Farben, Objekte, etc. die für eine abstrakte Idee stehen.

Mit Motiven und Stoffen können Sie arbeiten, um Bezug auf ein bestimmtes Werk zu nehmen. Das Ganze nennt man dann Intertextualität. Diese Bezugnahme kann ganz simpel aussehen. Durch das Auftauchen eines Apfels können Sie Bezug auf Adam und Eva und den Sündenfall nehmen. Denn Sie hätten auch jede andere Frucht wählen können. Aber Ihre Protagonistin „beißt mit unschuldigem Blick in einen Apfel", das ruft gewisse Assoziationen hervor.

Natürlich sind Motive auch dazu da, wie meine Erklärung Ihnen

offenbart, Stoffe des Romans zu unterstützen.
Motive und Stoffe helfen Ihnen bei der Strukturierung Ihres Romans, sodass Sie eine Überfüllung vermeiden können. Im bereits erwähnten Roman von Jane Austen *Pride and Prejudice* gehört zum Beispiel der Stoff Liebe, wie für einen Liebesroman nicht untypisch, zum Repertoire. Daneben finden sich noch das Ansehen und die gesellschaftliche Stellung, da die beiden begehrenswerten Männer Mr Bingley und Mr Darcy zur oberen Gesellschaftsschicht gehören. Während die Töchter der Familie Bennet, z. B. durch die Eskapaden der Schwester Lydia, mit ihrem gesellschaftlichen Rang zu kämpfen haben.
Zu den Motiven gehören z. B. die Reisen, da mit jeder getätigten Reise die Handlung fortschreitet und neue Sachverhalte ans Tageslicht kommen.
Als Symbol sticht ganz klar Pemberley, das Anwesen von Mr Darcy hervor, das wie bei einer Metapher seinen Charakterzügen gleichgestellt wird:

> *„Pemberley House, situated on the opposite side of a valley, into which the road with some abruptness wound. It was a large, handsome, stone building, standing well on rising ground, and backed by a ridge of high woody hills; --- and in front, a stream of some natural importance was swelled into greater, but without any artificial appearance. Its banks were neither formal, nor falsely adorned. Elizabeth was delighted. She had never seen a place for which nature had done more, or where natural beauty had been so little counteracted by an awkward taste. They were all of them warm in their admiration; and at that moment she felt, that to be mistress of Pemberley might be something!"*[3]

Dieses Symbol ist zudem auch noch entscheidend dafür, dass Elizabeth sich Ihrer Zuneigung für Darcy mehr und mehr Gewahr wird.
Auch in anderen Romanen Jane Austens spielt der soziale Status der Figuren eine große Rolle. Wenn Sie sich eingehender mit Motiven, Stoffen und Symbolen beschäftigen, werden Sie feststellen, dass manche besser miteinander auskommen als andere.
In unserem Banküberfallbeispiel liegt auf der Hand, dass Geld eine große Rolle spielt und sollte demnach auch zu den Stoffen gehören.

---

[3] Jane Austen: Pride and Prejudice

Man kann sich auch noch Sachverhalte wie Bildung vorstellen, da meist ein niedriger Bildungsstand Arbeitslosigkeit bzw. geringe finanzielle Mittel mit sich führt. Wenn man wollte, könnte man Kriminalität dazu nehmen als zentrales Thema, das auch durch Dialoge erörtert werden könnte, z. B. könnten sich die Protagonisten fragen „Was ist kriminell?" Genauso mit der Vorstellung von Gerechtigkeit oder Moral. Wenn Sie nicht so nah an Ihrem Roman „kleben" wollen, können Sie auch andere Gefilde betreten und die Bankräuber über den Tod sinnieren lassen. Allerdings sollte dann Sterben auch zentral im Roman vorkommen, z. B. durch den Tod eines Bankräubers.

Sie sehen, dass Ihnen generell keine Grenzen gesetzt sind. Sie müssen nur beachten, dass Sie mit Ihren Stoffen, Motiven und Symbolen auf einem Ozean bleiben und nicht gleich die ganze Welt bereisen. Ich bin oft mit der Aussage konfrontiert: „Aber die großen Schriftsteller haben sich bestimmt auch keine Gedanken gemacht, was bei Ihnen Symbole, Motive usw. sind." Das mag wohl stimmen, aber die von mir dargestellte Annäherung an diese Bestandteile des Romans soll Ihnen nur den Einstieg ins Schreiben erleichtern. Als Fontane seinen Roman schrieb, hat er bestimmt nicht mit Motiven gehadert. Als geübter Autor hat man einfach ein Bild im Kopf, worum es im Roman geht, also die Handlung und die Figuren, und was man inhaltlich rüberbringen will, also Stoffe und Motive. Nur dass man es nicht ganz so analytisch betrachtet. Es ist einfach ein normaler schriftstellerischer Handgriff, dass sich beim Schreiben Motive, Stoffe und Symbole in einem Roman zusammenfinden. Das werden Sie mit mehr Schreiberfahrung auch noch feststellen. Wenn Sie allerdings vor dem Problem vieler Autoren stehen, dass Sie Ihren Roman mit 1000 Ideen füttern und der rote Faden verloren geht, sollte Ihnen dieses Kapitel eine Hilfe sein, den Themenkreis Ihres Werks systematisch klein zu halten.

Literaturempfehlungen:
Jane Austen *Pride and Prejudice*

4

Struktur schaffen

"Man wird in einer halben Stunde sehr leicht ein Urteil darüber gewinnen, ob ein Buch etwas oder gar nichts taugt."
Oscar Wilde (1854-1900)

Zunächst möchte ich Ihnen den Einstieg in Ihren Roman erleichtern. Auch wenn Sie jederzeit an allen möglichen Stellen Ihres Werks weiterschreiben können, sollten sie sich über den Anfang und den Schluss Ihrer Geschichte Gedanken machen. Nichts fördert den Verkauf eines Buchs mehr als ein guter Anfang. Und nichts ist für den Leser enttäuschender als ein miserabler Schluss.

4.1. Der Anfang – Er bestimmt den ganzen Roman

Der Beginn Ihres schriftstellerischen Werks beeinflusst den ganzen Roman. Denn:
Den Erzählstil, den Sie einführen, müssen Sie weiterhin beibehalten!
Betrachten wir zunächst unser Beispiel *Effi Briest*:

"In Front des schon seit Kurfürst Georg Wilhelm von der Familie von Briest bewohnten Herrenhauses zu Hohen-Cremmen fiel heller Sonnenschein auf die mittagsstille Dorfstraße, während nach der Park- und Gartenseite hin ein rechtwinklig angebauter Seitenflügel einen breiten Schatten erst auf einen weiß und grün quadrierten Fliesengang und dann über diesen hinaus auf ein großes, in seiner Mitte mit einer Sonnenuhr und an seinem Rande mit Canna indica und Rhabarberstauden besetztes Rondell warf. Einige zwanzig Schritte weiter, in Richtung und Lage genau dem Seitenflügel entsprechend, lief eine ganz in kleinblättrigem Efeu stehende, nur an einer Stelle von einer kleinen weißgestriche-

> nen Eisentür unterbrochene Kirchhofsmauer, hinter der der Hohen-Cremmener Schindelturm mit seinem blitzenden, weil neuerdings erst wieder vergoldeten Wetterhahn aufragte. Fronthaus, Seitenflügel und Kirchhofsmauer bildeten ein einen kleinen Ziergarten umschließendes Hufeisen, an dessen offener Seite man eines Teiches mit Wassersteg und angeketetem Boot und dicht daneben einer Schaukel gewahr wurde, deren horizontal gelegtes Brett zu Häupten und Füßen an je zwei Stricken hing - die Pfosten der Balkenlage schon etwas schief stehend. Zwischen Teich und Rondell aber und die Schaukel halb versteckend standen ein paar mächtige alte Platanen."[4]

Dieser Erzählstil muss nicht unbedingt der von Ihnen favorisierte sein, immerhin ist "Effi Briest" erstmals 1894 erschienen und ein exemplarisches Beispiel für die Romane aus dem "Realismus", einer Epoche, in der objektive und ausführliche Beschreibungen im Vordergrund standen.

Und Sie können sich sicher sein, dass dieser Erzählstil den ganzen Roman für sich einnimmt. Zum Inhalt des Anfangs kann man sagen, dass Effis Elternhaus beschrieben wird. Dieses Gebäude ist Anfang und Ende für Effis Leben und deswegen taucht es sowohl am Ende als auch am Anfang des Romans auf.

Sie können natürlich auch ganz anders mit Ihrer eigenen Geschichte anfangen. Ein paar Eindrücke will ich Ihnen noch mit folgenden Romananfängen vermitteln. In den Fußnotenangaben erfahren Sie, aus welchem Roman der jeweilige Anfang stammt. Vielleicht erkennen Sie ja den einen oder anderen ohne Hilfe! Lesen Sie die folgenden Romananfänge und lassen Sie diese auf sich wirken. Machen Sie sich Gedanken über den gewählten Erzähler und den Stil des Erzählens und welche Kriterien der Autor im weiteren Verlauf des Textes einhalten musste, um dem eingeschlagenen Weg treu zu bleiben.

> "Wie froh bin ich, daß ich weg bin! Bester Freund, was ist das Herz des Menschen! Dich zu verlassen, den ich so liebe, von dem ich unzertrennlich war, und froh zu sein! Ich weiß, du verzeihst mir's. Waren nicht meine übrigen Verbindungen recht ausgesucht vom Schicksal, um ein Herz wie das meine

---

[4] Theodor Fontane: Effi Briest

zu ängstigen? Die arme Leonore! Und doch war ich unschuldig."[5]

"Als Zarathustra dreissig Jahr alt war, verliess er seine Heimat und den See seiner Heimat und ging in das Gebirge. Hier genoss er seines Geistes und seiner Einsamkeit und wurde dessen zehn Jahr nicht müde. Endlich aber verwandelte sich sein Herz, - und eines Morgens stand er mit der Morgenröthe auf, trat vor die Sonne hin und sprach zu ihr also:
'Du grosses Gestirn! Was wäre dein Glück, wenn du nicht Die hättest, welchen du leuchtest![...]'"[6]

"Die Eltern lagen schon und schliefen, die Wanduhr schlug ihren einförmigen Takt, vor den klappernden Fenstern sauste der Wind; abwechselnd wurde die Stube hell von dem Schimmer des Mondes. Der Jüngling lag unruhig auf seinem Lager, und gedachte des Fremden und seiner Erzählungen."[7]

"In einer Stadt, die ich aus mancherlei Gründen weder nennen will, noch mit einem erdichteten Namen bezeichnen möchte, befand sich unter anderen öffentlichen Gebäuden auch eines, dessen sich die meisten Städte rühmen können, nämlich ein Armenhaus. In diesem wurde an einem Tage, dessen Datum dem Leser kaum von Interesse sein kann, der Kandidat der Sterblichkeit geboren, dessen Namen die Kapitelüberschrift nennt."[8]

"Das Rad an meines Vaters Mühle brauste und rauschte schon wieder recht lustig, der Schnee tröpfelte emsig vom

---

[5] Goethe: Die Leiden des jungen Werther
[6] Nietzsche: Also sprach Zarathustra
[7] Novalis: Heinrich von Ofterdingen
[8] Charles Dickens: Oliver Twist

Dache, die Sperlinge zwitscherten und tummelten sich dazwischen; ich saß auf der Türschwelle und wischte mir den Schlaf aus den Augen; mir war so recht wohl in dem warmen Sonnenscheine."[9]

"In der Straße St. Honoré war das kleine Haus gelegen, welches Magdaleine von Scuderi, bekannt durch ihre anmutigen Verse, durch die Gunst Ludwigs XIV. und der Maintenon, bewohnte.
Spät um Mitternacht – im Herbste des Jahres 1680 – wurde an dieses Haus hart und heftig angeschlagen, daß es im ganzen Flur laut widerhallte. – Baptiste, der in des Fräuleins kleinem Haushalt Koch, Bedienten und Türsteher zugleich vorstellte, war mit Erlaubnis seiner Herrschaft über Land gegangen zur Hochzeit seiner Schwester, und so kam es, daß die Martiniere, des Fräuleins Kammerfrau, allein im Hause noch wachte."[10]

Auch wenn ich hierzu kein Beispiel gebracht habe, können Sie Ihr Buch natürlich mit einem Dialog beginnen. Oder mit einem einzigen Wort. In unserem Banküberfall-Beispiel sind auch verschiedene Anfänge denkbar. Lassen wir mal die Fantasie spielen!

1. Geld! Das war es, was Gerd nie hatte. Seine Liebschaften hatte er aufgehört zu zählen, genauso wie die Zahl der unbeglichenen Rechnungen, die er im Wohnzimmerschrank versteckte.

2. "Gerd!" „Ja, Liebste?" „Ich war auf der Bank. Sie gewähren uns keinen Kredit, von wegen Sicherheiten und so."

3. Im Bücherregal neben dem kleinen Schwarz-Weiß-Fernseher stand „Das Kapital" von Karl Marx. Der Buchrücken war schon alt und abgenutzt vom vielen Lesen. Vor dem Fernseher stand ein rotes Sofa, das auf der rechten Sitzfläche einen großen Urinfleck des Hundes Rex aufwies, der sich nicht rauswaschen ließ. Der Hund lag auf einer

---

[9] Eichendorff: Aus dem Leben eines Taugenichts
[10] E.T.A. Hoffmann: Das Fräulein von Scuderi

Decke hinter dem Sofa und traute sich in Erinnerung an das Gezeter nach seiner Blasenentleerung nicht mehr auf die viel gemütlichere Couch, die so weich war, dass man das Gefühl hatte, auf den Boden zu sinken.

Diese Anfänge sollen Ihnen Einblicke in die mögliche Gestaltung Ihres Romans geben. Insbesondere der auktoriale Erzähler aus dem dritten Beispiel bereitet jedem Autor viel Freude, da man sein eigener kleiner Schöpfer ist und freie Hand hat, welche Dinge man anspricht und welche verschweigt. Wenn Sie noch keine Erfahrung mit dieser Art des Erzählers haben und nach Kapitel „2.2.5.2. Er/Sie-Erzähler" noch nicht auf den Geschmack gekommen sind, sollten Sie sich unbedingt einmal selbst auktoriale Erzählpassagen ausdenken. Sie werden sehen, dass es kaum unterhaltsamere Aufgaben im Schriftstellerdasein gibt, als mit dem Wissen eines Allwissenden zu jonglieren. Denn als Autor ist Ihr Wissen stark begrenzt, aber als allwissender Erzähler sind Sie einmal in einer Situation, in der Sie alles wissen.

4.2. Weiterführende Handlung

Übertreiben Sie nicht mit der Detailgenauigkeit Ihres Texts. Anfänger wollen alles in den Roman packen und würden wahrscheinlich sogar erwähnen, wann die Protagonisten auf die Toilette gehen, wenn diese Handlung nicht so unsauber wäre.
Sie brauchen nicht zu erwähnen, was und wann Ihre Figuren essen und dass sie jeden Tag schlafen.
Es sei denn, dies sind wichtige Handlungen in Ihrem Roman. So wie in Oscar Wildes Drama "The Importance of Being Earnest", in dem die Mahlzeiten einen entscheidenden Platz einnehmen und deswegen dauernd erwähnt werden.
Ansonsten sollten Sie alles Unwichtige streichen. Das Gleiche gilt für zurückzulegende Wege. Sie brauchen nicht jedes Mal den Weg zur Arbeit, Schule etc. zu erwähnen. Es sei denn, auf dem Weg zur Arbeit passiert eine für Ihren Roman überlebenswichtige Handlung. In unserem Banküberfall-Beispiel wäre denkbar, dass einer der Bankräuber auf dem Weg zur Arbeit eine Bankangestellte oder eine Polizistin trifft, mit der er langsam anbändelt. Diese Person sollte natürlich spätestens beim Banküberfall wieder eine tragende Rolle spielen.

Ansonsten wäre diese Bekanntschaft für Ihren Roman zu nebensächlich, um sie in die Geschichte einzubauen. Letztendlich ist es wichtig, dass sich ihr Roman auf seinen Höhepunkt zubewegt. Erzählen Sie alles, was hierfür notwendig ist – nicht mehr und nicht weniger.

4.3. Der Höhepunkt –
Wie überall allesentscheidend!

Der Höhepunkt Ihres Romans dürfte Ihnen leichtfallen, da er Ihrer Anfangsidee entsprechen sollte. Denn die Ideen, die man zu Geschichten hat, sind meistens die Höhepunkte. Man kann davon ausgehen, dass Fontane zuerst die Idee hatte, über eine junge Frau zu schreiben, die Ehebruch begeht. Und nicht über eine Sonnenuhr oder eine Frau, die ein Kind bekommt. Das ist alles schmückendes Beiwerk, das Inhalt anderer Kapitel ist. Natürlich ist bei *Effi Briest* der Höhepunkt eher in der Konsequenz aus dem Fremdgehen, dem Duell der zwei Männer, zu sehen. Aber ich denke, der Gedanke dürfte Ihnen klar sein. Sie können zur Erhöhung der Spannung ein wenig an Ihrem Erzählstil drehen. Natürlich können Sie nicht komplett die Perspektive wechseln, es sei denn Sie machen es wie Goethe in *Die Leiden des jungen Werther*, der im letzten Teil seines Romans den Herausgeber als Erzähler einfügt. Aber Sie können z. B. bei Benutzung eines allwissenden Erzählers, diesen etwas in den Hintergrund treten lassen, damit er nicht schon vorher alle Geheimnisse andeutet und somit das Ende des Romans preisgibt. Sie können auch das Tempo Ihrer Erzählung zum Höhepunkt hin anheben, damit der Leser in diesen „hineinrast". Ihrer Phantasie sind dabei keine Grenzen gesetzt. Sie sollten nur darauf achten, dass der Höhepunkt auch einer ist und der Leser ihn nicht gelangweilt überliest. Ansonsten wäre Ihr ganzer Roman leider ein Reinfall.

Da der Höhepunkt wahrscheinlich mit Ihrer Romanidee zusammenfällt, möchte ich Sie auch nicht weiter mit dessen Gestaltung belästigen.

4.4. Retardierendes Moment – Ja, auch im Roman

Der Begriff des retardierenden Moments kommt eigentlich aus der Dramenanalyse, kann aber auch auf die Handlung eines Romans übertragen werden.
Im Grunde genommen besagt dieser literaturwissenschaftliche Fachbegriff für Sie, dass die Spannungskurve nach dem Höhepunkt Ihres Romans nicht stark abfallen muss, sondern erneut wieder ansteigen kann. Ein sehr gutes Beispiel hierfür ist Schillers *Maria Stuart*. Nach dem Höhepunkt, dem Aufeinandertreffen der zwei Königinnen, und Elisabeths endgültigem Entschluss, Maria hinrichten zu lassen, wird durch die etlichen Rettungsversuche weiterhin Spannung erzeugt. Das heißt für Sie und Ihr Projekt, dass das Buch nicht nach dem Höhepunkt beendet ist, sondern sich nochmals aufbäumen und entfalten kann, bis das endgültige Ende des Romans erreicht ist. Welche Ideen wären bei Ihrem Werk denkbar? Sie haben bestimmt einige interessante Ideen!

4.5. Der Schluss - Kommen Sie zum Ende!

Das Ende eines Buchs ist genauso schwierig wie der Anfang. Wo soll man aufhören? Das ist die Frage, die Sie sich bestimmt bald stellen werden, wenn Sie es nicht schon tun. Am Ende bieten sich verschiedene Varianten an. Ich möchte nur auf zwei davon eingehen, um Ihnen ein paar Ideen für Ihr eigenes Buchprojekt zu eröffnen. Manchmal ist es ja auch so, dass man bereits während dem Schreiben eine Idee für das Ende des Werks hat. Falls nicht, lesen Sie sich die folgenden Kapitel zum Thema "Open End" und "Fazit" durch.

4.5.1. Open End

Das offene Ende bietet sich vor allem in schnulzigen Liebesromanen an. Denken Sie nur an die Liebenden, die sich nacheinander sehnen, die die Arme ausstrecken, um ihren Liebsten zu erreichen und dann ist die Geschichte zu Ende.

Man weiß nicht, ob sie sich kriegen oder nicht. Das klingt zwar für einen Roman zuallererst wenig befriedigend, ist aber sehr passend für das Genre. Und eignet sich außerdem auch noch für andere Sparten.

4.5.2. Fazit

Hierbei kommentiert der Erzähler noch einmal die Handlung am Ende des Romans und schließt vielleicht einen gedanklichen Kreis. Dies kann mit Hilfe von Motiven, Stoffen und Symbolen geschehen oder einfach nur an der Handlung orientiert sein. In *Effi Briest* taucht am Ende des Romans nochmals die Sonnenuhr vom Anfang des Werks symbolisch auf und steht im Zusammenhang mit Effis Grab für die Vergänglichkeit des irdischen Lebens.

5

Fertig - Noch nicht perfekt?

„Bei manchem Werk eines berühmten Mannes möchte ich lieber lesen, was er weggestrichen hat, als was er hat stehen lassen."
Georg Christoph Lichtenberg (1742-99),

Eine erneute Überarbeitung Ihres Buchs sollten Sie auf jeden Fall in Erwägung ziehen, auch wenn Sie der Meinung sind, dass der erste Entwurf schon perfekt ist. Weit verbreitet ist die Regel, dass man, wenn man ein Buch geschrieben hat, es noch einmal von Neuem schreiben soll, ohne natürlich die erste Bearbeitung zu Rate zu ziehen, und dann beide Versionen miteinander vergleichen und die beste Verbindung beider Teile finden.

5.1. Der letzte Schliff

Am besten drucken Sie sich Ihr gesamtes Werk aus und nehmen sich einen Rotstift zur Hand. Und vor allem:
Seien Sie großzügig!
Natürlich beim Streichen unnötiger oder langweiliger Passagen. Es wird immer noch genügend Text übrigbleiben, der Ihr Buch füllen wird. Seien Sie sich da gewiss! Es wird Ihrem Buch guttun, eine derartige rabiate Bearbeitung zu erfahren. Denn wenn Sie diese nicht durchführen, wird es der Lektor tun und Ihnen mit einem Formschreiben mitteilen, dass Ihr Buch nicht ins Verlagsprogramm passt. Dies ist natürlich nicht immer mit einem negativen Qualitätsurteil gleichzusetzen, aber in der Regel schon. Nur ein Buch, das gründlich überdacht und überarbeitet wurde hat eine Chance bei einem Verlagshaus positiv anzukommen. Denn den leseübten Lektoren fällt jede Ungereimtheit in der Erzählperspektive und jede langweilige Stelle Ihres Romans direkt ins Auge und ist ein absolutes Todeskriterium für Ihr Buch.

5.2. Wenn es doch nichts geworden ist

Falls Sie trotz größter Bemühungen kein akzeptables Buch zustande gebracht haben, das Sie nicht einmal dem Lektor vorlegen möchten, können Sie Ihr Manuskript entweder in eine Schublade stecken und nie wieder hervorholen, wegwerfen oder sich an einen Ghostwriter wenden. Die letzte Variante bevorzugen vor allem jene, denen ihr Werk am Herzen liegt. Und wenn Sie schon entsprechende Vorarbeit geleistet haben, ist die Arbeit des Ghostwriters für Sie auch bezahlbar. Wenn Ihr Ghostwriter große Vermarktungschancen bei Ihrem Werk wittert, wird er außerdem auf eine Beteiligung an den Tantiemen plädieren.

Einen fähigen Ghostwriter zu finden, ist oftmals schwer, da auch unqualifizierte Leute ihre Schreibdienste anbieten, um ein paar Euros zu verdienen. Deswegen sollten Sie sich immer Referenzen zeigen lassen. Gegebenenfalls können Sie sogar Kontakt zu Autoren aufnehmen, die bereits mit dem Ghostwriter gearbeitet haben.

Vielleicht hilft es Ihnen auch, den Roman erst einmal ruhen zu lassen und nach einem halben Jahr mit etwas Abstand an dem Werk weiterzuarbeiten. Wenn man von der Schriftstellerei leben will, ist das natürlich nicht die beste Lösung, aber manchmal ist es die einzige Lösung. Das kann ich aus mannigfaltiger Erfahrung bestätigen. Mit mehr Abstand fallen einem Fehler eher auf und man hat meist bessere Ideen, da der Geist nicht mehr wie an das Werk genagelt, sondern frei ist.

6

Das Buch an den Mann bringen – oder auch die Frau!

"Man kauft das Buch zuerst und liest es dann. Das Auflagenglück so vieler Autoren beruht auf dieser zeitlichen Anordnung."
Alexander Roda-Roda (1872-1945)

Wenn Sie glauben, Sie hätten die Arbeit jetzt hinter sich, dann muss ich Ihnen leider sagen, dass die Arbeit nach dem Schreiben des Buchs erst richtig anfängt. Denn ein Buch geschrieben zu haben, heißt nicht, dass die Verlage Ihnen Ihr Werk aus den Händen reißen. Meistens ist eher das genaue Gegenteil der Fall. Insbesondere, weil anzunehmen ist, dass Sie auf dem Büchermarkt als Autor noch weitestgehend unbekannt sind.

6.1. Wie finde ich den passenden Verlag?

Im Autorenhaus-Verlag erscheint jährlich ein Verzeichnis für Autoren, in dem alle deutschen Verlage veröffentlicht werden. Diese sind übersichtlich in Kategorien sortiert. Dieses Buch eignet sich ideal zur Verlagssuche, da Sie damit rechnen müssen, Ihr Buch im Verlagsprogramm eines eher kleinen Verlagshauses unterbringen zu müssen. Die großen Verlagsgruppen sind nicht an riskanten Buchprojekten interessiert, die auf dem Markt nicht den nötigen Absatz finden könnten. Von daher ist es für einen Laien meist ein Glückstreffer bei solch einem Verlag zu landen, wenn man doch mit dem eigenen Buchprojekt überzeugen kann oder entsprechendes Vitamin B hat.
Oder Sie veröffentlichen Ihr Buch mit Selfpublishing. Das hat verschiedene Vorteile, wie Gestaltungsfreiheit und höhere Margen, aber auch Nachteile. Der größte Nachteil ist die mangelnde inhaltliche Qualität vieler Selfpublishing-Werke. Da zu viele Menschen davon ausgehen, dass Sie gut schreiben können, werden jeden Monat etliche Bücher selbst veröffentlicht, die niemand lesen möchte. Mit diesen

inhaltlich schwachen und teilweise voller Rechtschreibfehlern veröffentlichten Büchern mit miserablen Covern wird man als Selfpublisher immer in einen Topf geworfen. Das wirft auch auf Ihren Roman ein schlechtes Licht. Ob Sie sich der durchaus berechtigten Kritik gegenüber selbst veröffentlichen Titeln stellen wollen, müssen Sie für sich selbst entscheiden.

6.2. Ein anderer Name – Schreiben unter Pseudonym

Die Entscheidung für ein Pseudonym fällt meist aus persönlichen Gründen. Sie wollen vielleicht nicht mit dem Werk direkt in Verbindung gebracht werden. Der eigene Name ist Ihnen vielleicht zu gewöhnlich und wenig einprägsam. Oder Sie möchten Ihre bisherigen Leser nicht verschrecken, weil der neueste Roman eine ganz neue Richtung einschlägt. Für solche Fälle gibt es Pseudonyme. Wenn Sie unter Pseudonym schreiben wollen, müssen Sie dieses Pseudonym nirgendwo registrieren. Unter Pseudonym ein Buch zu veröffentlichen, bringt demnach auch keine unerwarteten Kosten für eine Pseudonym-Registrierung o.ä.
Sie sollten allerdings beachten, dass Sie mit Ihrem gewählten Pseudonym nicht die Rechte Dritter beeinträchtigen. d. h. bekannte bzw. berühmte Namen sind tabu. Also, leider können Sie keinen Erotikroman unter dem Namen "Paris Hilton", oder einen Thriller als "Stephen King" veröffentlichen. Genauso sollte ein Pseudonym nicht dem Namen Ihrer verhassten Nachbarin entsprechen, die vlt. "Heidemarie Wulferswedel" heißt. Denn es könnte Ihnen angelastet werden, Sie wollten diese Dame damit diffamieren. Ansonsten stehen Ihnen alle Wege offen. Veröffentlichen Sie alles unter Pseudonym, wenn Sie Ihre Identität lieber verdeckt halten wollen und auch nicht Ihren Bekannten und Verwandten erzählen wollen, dass Sie Autor sind. Das Urheberrecht besteht normalerweise bis 70 Jahre nach Tod des Verfassers. Bei unter Pseudonym verfassten Werken erlischt das Urheberrecht allerdings bereits 70 Jahre nach Verfassen des Buchs. Wenn sich der Autor innerhalb dieser 70 Jahre zu seinem Werk bekennt, gilt die erst genannte Regelung. Wenn Sie also unter Pseudonym veröffentlichen, können Sie gar nichts falsch machen. Falls das Buch ein Flopp wird, muss nie ein Mensch erfahren, dass es sich um

Ihr Pseudonym handelt. Falls das Buch sich gut verkauft, können Sie einen passenden Zeitpunkt wählen, um die Bombe platzen zu lassen. Und somit die Rechte an dem unter Pseudonym veröffentlichten Buch an Ihre Kinder weitergeben.

Pseudonyme können nicht als Künstlername in deutsche Personalausweise eingetragen werden. Also, überlegen Sie sich ein schönes Pseudonym und veröffentlichen Sie ein paar Bücher. Aber seien Sie nicht enttäuscht, wenn die Presse nicht bei Ihnen vor der Tür steht und um Interviews bettelt. Als Autor unter Pseudonym bleiben Sie auch anonym und Ihr wahres Ich unbekannt. Es ist auch schwerlich mit einem unter Pseudonym veröffentlichten Buch auf Lesetour zu gehen. Es sei denn man bekennt sich zu seiner Autorenschaft. Man kann das Pseudonym z. B. aus den Buchstaben des eigenen Namen basteln. Ein kleines Beispiel: Wenn man z. B. Kurt Maier heißt, nennt man sich Kai Rumert oder Kain Turmer. Sie können sich alles Mögliche erdenken. Pseudonyme sind an keine Regeln gebunden. Natürlich sucht jeder nach einem prägnanten und einprägsamen Pseudonym. Aber das zu finden, zumal noch unbenutzt, könnte ein schwieriges Unterfangen werden.

7

Schreibübungen

„Der Autor muss in seinem Werk wie Gott im Weltall sein, überall anwesend und nirgends sichtbar."
Gustave Flaubert (1821-1880)

In diesem Kapitel finden Sie nochmals Hilfe für Schreibübungen, die teilweise bereits im Buch erwähnt wurden. Es ist wichtig, dass Sie täglich Schreibübungen machen. Insbesondere wenn Sie sich an einem kreativen Nullpunkt befinden und nicht an Ihrem Roman weiter arbeiten. Auch wenn viele Autoren meinen, Sie bräuchten so etwas nicht, sind Übungen wichtig. Jeder Künstler muss seine Fertigkeiten trainieren. Selbst Mozart ist nicht mit der Geige in der Hand auf die Welt gekommen. Auch wenn manche Leute das annehmen. Auch Autoren sind nicht von Geburt an begnadet. Sicherlich haben Sie, genau wie viele andere Autoren, ein gewisses Talent und viel Kreativität. Aber solange Sie dieses Potential nicht ausnutzen, sind die regelmäßig übenden Schriftsteller besser als Sie.
Das muss nicht so bleiben! Sie können sich neben den genannten Übungen auch zusätzliche überlegen. Hilfreich wäre es zudem, wenn Sie sich einen Duden besorgen. Diesen sollten Sie bestenfalls schon besitzen! Na, besser frage ich nicht nach, ob er schon einen Platz in Ihrem Bücherregal gefunden hat. Das Ergebnis dürfte wahrscheinlich erschreckend sein. Aber nun beginnen wir mit Übungen zu den Figuren im Roman!

7.1. Personen

Die Figuren in Ihrem Roman sind hoffentlich nicht nur schön, hässlich, groß und klein, sondern haben ein facettenreiches Äußeres und einen ebenso vielfältigen Charakter.
Im Folgenden finden Sie eine Auflistung einiger Eigenheiten, die Ihre Figuren haben können. Diese beziehen sich sowohl auf den Charakter als auch auf Beschaffenheiten des Körpers. Diese Liste soll Ihnen

helfen, wenn Sie mal nicht genau wissen, wie einer Ihrer Protagonisten beschaffen sein soll. Dann können Sie diese Liste aufschlagen und sich buntgemischt ein paar Eigenschaften aussuchen und diese zu einer Figur zusammenbauen.

A

abenteuerlustig	abgebrüht	abgehoben	abgestumpft
abhängig	abweisend	adlig	ängstlich
ärgerlich	affektiert	afrikanisch	aggressiv
agil	ahnungslos	Akademiker	akkurat
Akne	akribisch	aktiv	albern
alt	alternativ	altklug	altmodisch
ambitioniert	anfällig	angeberisch	angenehm
angepasst	angriffslustig	anhänglich	anmutig
anpassungsfähig	anspruchslos	anspruchsvoll	anständig
antriebslos	apathisch	arbeitsunfähig	arbeitswütig
arglistig	arglos	argwöhnisch	arrogant
asiatisch	attraktiv	aufbegehren	aufbrausend
aufdringlich	aufgedreht	aufgeweckt	aufmerksam
aufmüpfig	aufopfernd	aufreizend	aufrichtig
aufsässig	ausdauernd	ausgeglichen	ausgelassen
Ausstrahlung	authentisch		

B

barmherzig	barsch	bärtig	bedächtig
bedrohlich	bedürftig	beeinflussbar	befangen
begabt	begehrenswert	begierig	beharrlich
behende	beherzt	behindert	belastbar
belehrend	belesen	beliebt	bequem
berechnend	berüchtigt	Beruf	bescheiden
bescheuert	besitzergreifend	besonnen	besorgt
Besserwisser	bestechlich	bestimmend	betörend
bieder	bigott	blind	blond
bodenständig	böswillig	borniert	boshaft
brav	Brillenträger	brünett	brutal
bubenhaft	burschikos		

C

chaotisch	charismatisch	charmant	cholerisch
clever	cool	couragiert	

D

dekadent	demagogisch	demütig	Denker
depressiv	derb	dezent	Diabetiker
dick	dickköpfig	diffus	Dilettant
direkt	diskret	distanziert	diszipliniert
divenhaft	dominant	dramatisch	dreist
drollig	dünn	duldsam	dumm
durchschaubar	durchtrieben	dynamisch	

E

ebenmäßg	echauffiert	echt	edel
egoistisch	ehrenhaft	ehrfürchtig	ehrgeizig
ehrlich	eifersüchtig	eifrig	eigen
eigenartig	eigennützig	eigensinnig	eigenwillig
einfach	einfältig	einfallsreich	einflussreich
einfühlsam	eingebildet	einnehmend	einsatzbereit
einsichtig	einzigartig	eisern	eitel
ekelig	elegant	eloquent	emanzipiert
emotional	empathisch	empfindlich	empfindsam
emsig	energisch	engagiert	engstirnig
enthaltsam	enthemmt	entschlossen	entspannt
erbärmlich	erbarmungslos	erbittert	erbost
erfolgreich	erfreulich	erfrischend	ergeben
ergraut	erhaben	ernst	erotisch
euphorisch	exaltiert	extrovertiert	exzentrisch

F

fair	familiär	fantasievoll	fassettenreich
faul	feige	feindselig	feinfühlig
feminin	fett	fidel	fies
fleißig	flexibel	folgsam	fordernd
forsch	fragil	frech	freizügig
freundlich	friedfertig	friedlich	fröhlich

fromm	fruchtbar	frustriert	fügsam
fürsorglich	furchtlos	furchtsam	furios

G

garstig	gastfreundlich	gebärfreudig	gebieterisch
geduldig	gefällig	gefühlskalt	gefühlvoll
gehässig	geheimnisvoll	gehemmt	gehorsam
Gehstock	geizig	gelassen	geldgeil
geldgierig	geltungssüchtig	gemein	gemütlich
Genie	gepflegt	gerecht	gerissen
gescheit	geschickt	gesellig	gewalttätig
gewissenhaft	gewissenlos	gewöhnlich	gierig
gläubig	gleichgültig	glücklich	gnadenlos
gnädig	gottesfürchtig	grauhaarig	grausam
grazil	griesgrämig	grimmig	grob
groß	großspurig	großzügig	gründlich
gütig	gutgläubig	gutmütig	

H

hager	Hakennase	hämisch	häuslich
hässlich	hartherzig	hartnäckig	heimtückisch
heiter	hellhörig	hemmungslos	herablassend
herrisch	herrschsüchtig	herzlich	hetzerisch
heuchlerisch	hilfsbereit	hinterhältig	hinterlistig
hitzköpfig	hochfahrend	hochnäsig	höflich
höhnisch	Hörgeräthold	hübsch	humorvoll
humpelnd	hysterisch		

I

ichbezogen	idealistisch	ideenreich	ignorant
impertinent	impulsiv	inkonsequent	intelligent
interessiert	intolerant	intrigant	introvertiert
ironisch	irrational	irrsinnig	

J

jähzornig	jugendlich	jung	jung geblieben

K

kämpferisch	kalkulierend	kalt	kaltherzig
kaltschnäuzig	keck	kerngesund	keusch
kinderlieb	kinderlos	kinderreich	kindisch
kindlich	kitschig	klein	kleinkariert
kleinlaut	kleinlich	klug	knabenhaft
kokett	kompetent	konfliktscheu	konfus
konsequent	konservativ	kontaktfreudig	kontemplativ
korrupt	kränkelnd	krakeelerisch	krank
kratzbürstig	kreativ	kriminell	kritisch
kühl	kühn	kulant	kultiviert
Künstler	kurzhaarig		

L

labil	lächerlich	lässig	langfingrig
langhaarig	langlebig	lasterhaft	lasziv
launisch	lausbübisch	laut	lebendig
lebenslustig	lebensunfähig	lebhaft	leichtgläubig
leichtsinnig	leidenschaftlich	lethargisch	lieb
liebebedürftig	liebenswert	liebevoll	lieblos
liebreizend	listig	loyal	lüstern
lustig			

M

mädchenhaft	mager	manierlich	manipulativ
maskulin	maßlos	melancholisch	memmenhaft
miesepeterig	mild	Mimose	missgünstig
misstrauisch	mitfühlend	mitleidig	mitteilsam
modebewusst	modern	mollig	monogam
motiviert	mürrisch	mütterlich	musikalisch
mutig	mysteriös		

N

nachahmend	nachdenklich	nachgiebig	nachsichtig
nachtragend	naiv	narzisstisch	natürlich
neckisch	negativ	neidisch	nervig

nett neugierig neurotisch nichtsnutzig
niederträchtig nihilistisch nostalgisch nüchtern

O
oberflächlich obszön offen offenherzig
optimistisch ordentlich ordinär orientalisch

P
parteiisch passiv patriotisch pedantisch
penetrant Perfektionist pessimistisch pflichtbewusst
phantasievoll phlegmatisch pickelig pingelig
plump polemisch polygam pragmatisch
prahlerisch primitiv prinzipientreu proaktiv
prollig prüde psychotisch pünktlich
puril putzig

R
rabiat rachsüchtig radikal raffiniert
rational realistisch rebellisch rechthaberisch
redegewandt redselig reich reif
religiös reserviert respektlos respektvoll
risikofreudig robust roh romantisch
rothaarig rücksichtslos rücksichtsvoll rüstig
ruhig ruppig

S
sachlich sanft sarkastisch sauber
schadenfroh schamlos scharfsinnig scheinheilig
schelmisch scheu schlagfertig schlampig
schlau Schmuck schnippisch schön
schüchtern schwach schwachsinnig schwarzhaarig
schweigsam schwermütig Segelohren selbstbewusst
selbstkritisch selbstlos selbstsicher selbstständig
selbstverliebt seltsam senil sensibel
sexy sinnlich skeptisch skrupellossolo
sorgfältig sorglos souverän sozial

sparsam	spaßig	spießig	spirituell
spitzfindig	spöttisch	spontan	sportlich
spritzig	sprunghaft	standhaft	stark
starr	starrköpfig	still	stolz
strebsam	streitsüchtig	streng	strikt
stur	süchtig	süß	sympathisch

T

taktlos	talentiert	tapfer	tatkräftig
teamfähig	teilnahmslos	tiefgründig	tierlieb
tobend	töricht	tolerant	tollpatschig
träge	träumerisch	treu	trotzig
tyrannisch			

U

übergewichtig	überheblich	überkandidelt	umsichtig
unaufrichtig	unbekümmert	unbelehrbar	unbeliebt
undankbar	unerfahren	unerschrocken	unfein
unfreundlich	ungebildet	ungeduldig	ungeschickt
ungesellig	unmoralisch	unnachgiebig	unruhig
unschuldig	unselbständig	unsensibel	unsportlich
unterhaltsam	untersetzt	unterwürfig	unverheiratet
unzufrieden	unzuverlässig		

V

verächtlich	verbissen	verbraucht	verführerisch
vergesslich	verheiratet	verklemmt	verlässlich
verletzlich	verlogen	versiert	verspielt
verständnislos	verträumt	vertrauensvoll	verwirrt
verwöhnt	verzogen	vielseitig	vital
vorausschauend	vorlaut	vornehm	vorsichtig
vulgär			

W

wählerisch	wagemutig	wahnsinnig	wankelmütig
warm	warmherzig	weise	weitsichtig
weltfremd	weltoffen	wichtigtuerisch	widerspenstig

wild	willkürlich	wissensdurstig	witzig
wohlgesinnt	wohlwollend	wollüstig	würdelos
würdevoll			

Z
zärtlich	zaghaft	zart besaitet	zartfühlend
zerbrechlich	zickig	zielstrebig	zimperlich
zögerlich	zornig	zufrieden	zurückhaltend
zuverlässig	zuvorkommend	zwanghaft	zweifelnd
zynisch			

Sie werden staunen, wie viele Kombinationen an Eigenschaften Sie für Ihre Figuren erstellen können. Vielleicht fangen Sie zur Übung erst einmal mit sich selbst und Bekannten an. Aber seien Sie nicht zu freundlich mit sich selbst. Jeder Mensch hat auch seine schlechten Eigenheiten.
Seien Sie beim Schreiben nicht zu plump! Also schreiben Sie nicht: "Amanda ist wollüstig, witzig und zielorientiert." Das gehört in die Rubrik Kleinanzeigen Ihrer Tageszeitung. In einem Prosawerk kommen diese Eigenschaften aktiv zutage durch die Handlungen und Gespräche der Figuren.
Außerdem sollten Sie auch darauf achten, dass Ihre Figuren durch komplexe Beschreibungen des äußeren Erscheinungsbildes dem Leser in Erinnerung bleiben.
Dazu ist eine detaillierte Beschreibung des Körpers und der Kleidung wichtig. Ich habe exemplarisch ein paar Variablen für Sie herausgesucht:

Kopf
Haare: Farbe, Form, Länge, Dichte, Geheimratsecken
Gesicht: ebenmäßig/schief, groß/klein, rund/eckig
Augen: Farbe, Größe, Form & Dicke der Augenbrauen
Nase: breit/schmal, lang /kurz, gerade/krumm
Lippen: schmal/breit, dick/dünn

Körper
Körper: (un)sportlich, Größe

Schultern:	schmal/breit
Beine:	dick/dünn, lang/kurz, Holzbein

Anhand dieser Listen können Sie sich leicht eine Personenkartei erstellen, die Sie während dem Schreiben immer parat haben sollten. Aber auch wenn das Schreiben dadurch sehr viel einfacher wird: **Überfüllen Sie ihren Roman nicht mit Figuren!** Desto mehr Charaktere in Ihrem Roman auftreten, desto unübersichtlicher wird es für den Leser.
Für Ihre Personenbeschreibungen empfehle ich Ihnen außerdem Vergleiche und Metaphern, die Sie in Kapitel „3.2. Bildlich gesprochen" kennengelernt haben. Denn die Sprache der Bilder belebt die Vorstellungskraft des Lesers und zeigt amüsante und interessante Verbindungen auf. Nicht umsonst gibt es etliche Redewendungen aus dem Volksmund, die Menschen mit Tieren und Gegenständen vergleichen.

7.2. Die Örtlichkeiten

Eine Beschreibung von der Umgebung, in der sich die Handlung Ihres Romans abspielt, ist sehr essentiell für die Vorstellungskraft der Leser. Erinnern Sie sich noch an die ersten Zeilen von *Effi Briest*? Fontane erklärt dem Leser jeden Winkel des Gartens, sodass der Leser die Vorstellung gewinnt, sich in demselben zu befinden. Ähnlich ausführliche Beschreibung finden Sie auch in den Romanen von Thomas Mann.
Sie müssen natürlich nicht ganz so schreiben, wie diese beiden großen Künstler. Ihr Schreibstil bleibt Ihnen selbst überlassen. In dieser Schreibübung sollen Sie lernen, mehr ins Detail zu gehen und von banalen Betrachtungen weg zu kommen. Deswegen gehen wir in unterschiedlichen Schritten vor.
1. Suchen Sie sich ein Objekt, einen Ausschnitt, den Sie beschreiben wollen. Empfehlenswert ist ein Blick aus dem Fenster. Diesen werde ich im Folgenden wählen.
2. Was sehen Sie? Ein Restaurant.
3. Werden Sie genauer! Ein chinesisches Restaurant in einem roten Gebäude in viktorianischem Baustil.
4. Was können Sie mit Ihrer Beobachtung assoziieren? Altes Gebäude, chinesisches Essen, Drachen, Essstäbchen

5. Bauen Sie das Ganze in eine Handlung ein. Sie müssen nicht jedes Stichwort aus 4 benutzen. Lassen Sie Ihrer Fantasie freien Lauf.
Zum Beispiel so:
Anna ging in die kleine Seitenstraße, in dem ein chinesisches Restaurant war. Das Gebäude im viktorianischen Baustil war schon leicht heruntergekommen und das Ladenschild mit der Aufschrift „Ling Tsu" ließ nur noch wenige Buchstaben erahnen. Die Tür stand offen und Anna konnte mit einem Atemzug verschiedene exotische Gerüche ausmachen, die mit einer großen Dampfwolke aus dem Gebäude traten. Neben dem Eingang saß ein kleiner goldener Drache, der Anna faszinierte und von dem sie ihre Blicke beim Betreten des Lokals nicht abwenden konnte. Irgendetwas an dieser Statue war merkwürdig.

Dies könnte der Anfang einer kleinen Kriminalgeschichte oder eines Detektivromans werden. Was haben Sie gezaubert? Ist es vielleicht eine Beschreibung eines Hundes, der vor dem Supermarkt auf Herrchen wartet? Oder ein kleiner Park, den Sie von Ihrem Balkon erblicken können? Sie sollten Ihre Schreibproben gut verwahren. Vielleicht können Sie diese in einem Ihrer zukünftigen Werke gebrauchen. Man weiß ja nie. Ich habe auch ein Sammelsurium an verschiedenen Ideen für Handlungsstränge, Personenbeschreibungen und angefangene und wieder verworfene Geschichten. Nicht jeder Entwurf, den Sie machen, ist lesenswert. Aber er ist ein wichtiger Schritt zu Ihrem erklärten Ziel, ein großartiges Buch zu schreiben.

7.3. Die Handlung

In Kapitel „2.2.2. Der Plot - Das A und O des erfolgreichen Romans" habe ich bereits darauf hingewiesen, dass Sie sich einen Szenenplan erstellen sollten.
Sie sollten immer über Ursache – Wirkung nachdenken. Das dürfte Ihnen erleichtern, einen Szenenplan zu erstellen, da alle Szenen im Roman irgendwie kausal zusammenhängen sollten.

Ich will Ihnen das Ganze noch einmal am Banküberfallroman erläutern.

Wir haben als zentrale Szene den Banküberfall. Die Ursache dessen ist Geldmangel. Dazu könnte man sich vorstellen, dass einer der Bankräuber wie in „4.1. Der Anfang – Er bestimmt den ganzen Roman" im 2. Beispiel von seiner Frau, die aus der Bank kommt über die finanzielle Situation aufgeklärt wird. Als Wirkung des Banküberfalls könnte man die Verhaftung sehen. Die Idee sähe dann erstmal so aus:

Bankbesuch → kein Geld→Banküberfall→ Festnahme

Diese Handlungsstruktur lässt sich noch zusätzlich füllen:

Bankbesuch → kein Geld→Stromabstellung→Banküberfall→ Polizeifahndung→Festnahme

Zu Ihrer Romanidee müssen Sie sich auch die Nebenhandlungen überlegen. In meinem Beispiel soll der Hauptdarsteller (Gerd) die anderen Räuber kennen lernen. Denkbar wäre, dass die Frau erzählt, Sie habe Gerds alten Schulfreund getroffen. Gerd ruft diesen danach an und trifft sich mit ihm. Die beiden kommen aufs Geld zu sprechen. Wie Sie die Nebenhandlungsstränge in Ihren Roman einbauen, können Sie sich fast frei überlegen. Natürlich müssen Sie die vorher festgelegten Kausalitäten beachten. Denn es hilft Gerd nicht, seinen alten Kumpel, mit dem er den Banküberfall begehen will, erst nach diesem kennen zu lernen. In Ihrem Szenenplan können Sie entweder für jeden Kausalstrang eine neue Zeile benutzen, oder bei Benutzung einer Zeile die kausal zusammenhängenden Ereignisse in einer Farbe markieren. Ein solcher Szenenplan hilft Ihnen bei einem komplexen Romanprojekt, nicht den Überblick zu verlieren.

7.4. Der Erzähler

Zu den einzelnen Erzählern gibt es eine ganz einfache Schreibübung. Sie können einen bereits existierenden Text z. B. Fontanes *Effi Briest* nehmen und sich einen nicht allzu langen Ab-

schnitt aussuchen, die Erzählhaltung feststellen und dann in einer neuen Erzählhaltung umschreiben.
Ich nehme ein selbstgeschriebenes Beispiel:
„Ich konnte unser Wiedersehen kaum abwarten und ging auf dem Bahnsteig auf und ab. Ich schaute zum gefühlt 100. Mal auf die Uhr und die Ankunftsanzeige. Endlich traf der Zug ein! Es war mir, als würde mein Herz explodieren. Susanne stieg aus. Sie trug ein blaues, enganliegendes Oberteil, das ihre Figur fabelhaft zur Geltung brachte." usw.
In diesem Text liegt ganz klar ein Ich-Erzähler vor. Ich will Ihnen jetzt eine Version mit auktorialem Erzähler präsentieren:
„Johannes wartete ungeduldig am Bahnsteig auf seine Partnerin, die er vor 3 Jahren in einem Eiscafé kennen gelernt hatte, in dem sie damals kellnerte. Er ging immer wieder auf und ab, während Susanne, seine Partnerin in einem blauen, figurbetonten Oberteil die Blicke der mitreisenden Passagiere auf sich zog. Ein älterer Herr aus Paris war ganz verzückt, dass er beständig murmelte: „Formidable!" Seine Frau war schon seit 3 Jahren tot und er hatte seitdem keine Verabredung mehr gehabt. Susannes Oberteil verzückte auch Johannes, als sie sich nach Ankunft des Zugs, der die weite Reise von Kiel nach München hinter sich hatte, ihm näherte. Niemand würde vermuten, dass dieses blaue aus Polyethylenterephthalat gefertigte Oberteil noch vor wenigen Monaten durch die spröden Finger eines asiatischen Mädchens glitt, das mit der Fertigung derartiger Textilien die Familie finanziell unterstützt."
Die Möglichkeiten eines allwissenden Erzählers sind, wie Sie bereits kennengelernt haben, vielseitig. Ich hoffe, ich konnte Ihnen mit dem Beispiel einen aufschlussreichen Einblick in diese recht simple aber durchaus effektive Schreibübung geben.

7.5. Der Schreibstil

Für diese Übung nehmen Sie sich vorzugsweise Romane zur Hand, deren Inhalt Sie nicht kennen. Sie lesen den ersten Satz und schreiben im gleichen Stil den Text des Werks weiter. Dabei geht es auch gar nicht darum, möglichst nah am Originalwerk zu landen, sondern einfach nur darum, den Stil beizubehalten.

Da ich mir nicht sicher bin, ob Ihr Bücherregal so reichhaltig gefüllt ist wie meines, will ich Ihnen auch ein paar Anfangssätze aus eigener Feder anbieten:
1. „In der Dunkelheit der Nacht huschte eine zwergenhafte Gestalt über den Asphalt."
2. „Ich bin blind."
3. „Am südlichen Ende des Dorfs liegt ein kleines Anwesen mit einem verwilderten Garten, der einst die edelsten Rosen und bezaubernde Sträucher beheimatet haben muss."

Wenn Sie das Beispiel genauestens analysiert haben, werden Sie feststellen, dass in Beispiel 1 und 3 noch gar kein Erzähler aufgetaucht ist, da der Erzähler sich immer durch die Hauptfigur definiert und diese wird noch nicht erwähnt. Das heißt also freie Hand für Sie, wenn Sie mit solchen Romananfängen arbeiten. Allerdings sollten Sie darauf achten, dass in meinem Beispiel 3 kein auktorialer Erzähler möglich ist. Ihnen wird wohl aufgefallen sein, dass der Erzähler nur eine Mutmaßung macht, die einem personalen Er-/Sie-Erzähler entsprechen kann, aber keinem allwissenden. Sie sehen, bei dieser Aufgabe sind Ihre analytischen Fähigkeiten gefragt.

Aber diese Schreibübung hilft Ihnen nicht nur neue Schreibstile für sich zu entdecken, sondern es kurbelt auch die Kreativität an. Deswegen sollten Sie diese Übung so oft wie möglich in Ihren Alltag einbauen.

8

Fazit

„Eine seltsamere Ware gibt es schwerlich in der Welt. Von Leuten gedruckt, die sie nicht verstehen; von Leuten verkauft, die sie nicht verstehen; gebunden, rezensiert und gelesen von Leuten, die sie nicht verstehen, und nun gar geschrieben von Leuten, die sie nicht verstehen."
Georg Christoph Lichtenberg (1742-99)

Ich hoffe, es hat Ihnen genauso viel Spaß gemacht, dieses Buch durchzuarbeiten, wie es mir eine Freude war, es zu schreiben. Es war mir vor allem ein Anliegen, Sie nicht mit einem 300-400 Seiten langem Werk zu erschlagen, da man als Autor schreiben will und nicht Stunden damit verbringen möchte, zu lesen, wie man ein gutes Buch schreibt. Über Anregungen und Kritik würde ich mich sehr freuen, damit die 2. Auflage dieses Ratgebers noch besser wird. Genauso würde ich mich über Schreiberfolge Ihrerseits freuen, die Sie mir gerne auch mitteilen können. Veröffentlichen Sie jederzeit eine Bewertung auf den einschlägigen Webseiten der Online-Buchhandlungen und empfehlen Sie dieses Buch weiter, wenn es Ihnen beim Schreiben Ihres Romans geholfen hat.

Ich hoffe nur, dass Sie nicht alle an meinem Banküberfall-Beispiel kleben geblieben sind, sondern eigene Ideen entwickelt haben. Und vielleicht schaffen Sie es ja auch mit Ihrem Buch auf die Bestsellerliste.

Ich kann Sie nur noch einmal innigst bitten, die Verlagslektorate nur mit einem Ihrer Werke zu belästigen, wenn es auch wirklich gut ist. Diese armen Kreaturen werden dafür bezahlt, dass Sie aus all den mittelmäßigen Einsendungen, die jeden Tag zu hundertfach in ihr Büro flattern, die Diamanten herauszupicken.

9

Anhang

„Es ist idiotisch, sieben oder acht Monate an einem Roman zu schreiben, wenn man in jedem Buchladen für zwei Dollar einen kaufen kann."
Mark Twain (1835-1910)

In diesem Anhang finden Sie weitere Empfehlungen zum Schreiben und Veröffentlichen eines Romans. Zunächst möchte ich Ihnen allerdings noch ein paar nette Zitate aus dem Reich der Bücher an die Hand geben, die es leider sonst nicht mehr ins Buch geschafft hätten.

9.1. Mehr Weisheit aus dem Reich der Bücher

„Die besten Bücher sind die, von denen jeder meint, er habe sie selbst schreiben können."
Blaise Pascal (1623-62)

„Eigentlich lernen wir nur von den Büchern, die wir nicht beurteilen können. Der Verfasser eines Buchs, das wir beurteilen können, müsste von uns lernen."
Johann Wolfgang von Goethe (1749-1832)

„Ein Buch ist ein Spiegel. Wenn ein Affe hineinguckt, so kann kein Apostel heraussehen."
Georg Christoph Lichtenberg (1742-99)

„Ein Raum ohne Bücher ist ein Körper ohne Seele."
Marcus Tullius Cicero (106-43)

„Ein sicheres Zeichen von einem guten Buch ist, wenn es einem immer besser gefällt, je älter man wird."
Georg Christoph Lichtenberg (1742-99)

„Die beiden anziehendsten Möglichkeiten eines Schriftstellers sind, Neues in einem vertrauten Licht und Vertrautes in einem neuen Licht zu zeigen."
William Makepeace Thackeray (1811-63)

„Die meisten Schriftsteller betrachten die Wahrheit als ihren wertvollsten Besitz und sind daher mit deren Gebrauch äußerst sparsam."
Mark Twain (1835-1910)

9.2. Literaturtipps

In diesem Kapitel sind noch einmal alle wichtigen Literaturtipps zusammengefasst und auch weitere Leseanregungen für Sie zu finden. Damit Sie Ihre schriftstellerischen Fähigkeiten stets verbessern und neue Techniken lernen können. Ich hoffe, dass auch bald das eine oder andere Ihnen bisher noch unbekannte Werk den Weg in Ihr Bücherregal findet.

9.2.1. Zu den Kapiteln

Zur besseren Übersicht sind die folgenden Literaturempfehlungen den einzelnen Kapiteln zugeordnet, da kein Schriftsteller in allen Rubriken gleichgroße Schwierigkeiten hat. Das dürfte Ihnen also die Suche nach unterstützender Literatur erleichtern.

1. Einleitung
Genette, Gérard: Die Erzählung, München, 1994.

2.2.2. Der Plot - Das A und O des erfolgreichen Romans
Aristoteles (1994): Poetik. Übers. u. hg. v. M. Fuhrmann, Stuttgart.

2.2.3. Vergessen Sie niemals den Sex!
Cremerius, Johannes (Hrsg): Literarische Entwürfe weiblicher Sexualität, Würzburg, 1993.
Schneider, Thomas (Hrsg.): Das Erotische in der Literatur, Frankfurt a.M., 1993.

2.2.4. Die Figuren – Unentbehrliche Handlungshelfer
Christoph Martin Wieland (1857): C.M. Wielands Sämtliche Werke, daraus: Aristipp und einige seiner Zeitgenossen.
E.T.A. Hoffmann Lebensansichten des Kater Murr
Thomas Mann: Buddenbrooks

2.2.5. Der Erzähler – Ohne geht es nicht
Martin, Wallace: Recent Theories of Narrative, Ithaca/London, 1986
Stanzel, Franz K.: Theorie des Erzählens, Göttingen, 2002.

2.2.5.1. Ich-Erzähler
Johann Wolfgang von Goethe: Die Leiden des jungen Werther
Miguel de Cervantes: Don Quijote de la Mancha
Jules Verne: Die Reise zum Mittelpunkt der Erde
Charlotte Brontë: Jane Eyre

2.2.5.2. Er-/Sie-Erzähler
Personaler Erzähler:
Theodor Fontane: Effi Briest
Gustave Flaubert: Madame Bovary
Franz Kafka Der Prozess

Auktorialer Erzähler:
Robert Musil: Mann ohne Eigenschaften
Oscar Wilde The Picture of Dorian Gray
Lew Tolstoi: Der Tod des Iwan Illjitsch
Thomas Mann Der Zauberberg

2.2.6. Zeitliche Gestaltung im Roman
Jostein Gaarder: Das Kartengeheimnis
Charlotte Brontë: Jane Eyre

3. Endlich Schreiben!
Cameron, Julia: Von der Kunst des Schreibens: Und der spielerischen Freude, die Worte fließen zu lassen, München, 2003.

3.1. Dialog

Keil, Angelika: Dialog im zeitgenössischen englischen Roman, Trier, 1999.

3.2. Bildlich gesprochen
Johnson, Mark / George Lakoff: Leben in Metaphern: Konstruktion und Gebrauch von Sprachbildern, Heidelberg, 2003.

3.3. Eine Frage des Stils
Schneider, Wolf: Deutsch für Profis. Wege zu gutem Stil, München, 2001.
Auerbach, Erich: Philologie der Weltliteratur. Sechs Versuche über Stil und Wirklichkeitswahrnehmung, Frankfurt a.M.., 1992.

3.4. Motive, Stoffe und Symbole
Konstantinou, Evangelos (Hrsg.): Antike griechische Motive in der heutigen europäischen Literatur, Frankfurt a.M. 1995.
Konstantinou, Evangelos (Hrsg.): Byzantinische Stoffe und Motive in der europäischen Literatur des 19. und 20. Jahrhunderts, Frankfurt a.M. 1998.

4.1. Der Anfang - Er bestimmt den ganzen Roman
Miller Norbert: Romananfänge. Versuch zu einer Poetik des Romans, Berlin, 1965
Theodor Fontane: Effi Briest
Johann Wolfgang von Goethe: Die Leiden des jungen Werther
Friedrich Nietzsche: Also sprach Zarathustra
Novalis: Heinrich von Ofterdingen
Charles Dickens: Oliver Twist
Eichendorff: Aus dem Leben eines Taugenichts
E.T.A. Hoffmann: Das Fräulein von Scuderi

4.2. Weiterführende Handlung

4.3. Der Höhepunkt - Wie überall allesentscheidend!
Theodor Fontane: Effi Briest
Johann Wolfgang von Goethe: Die Leiden des jungen Werther

4.4. Retardierendes Moment - Ja, auch im Roman
Friedrich Schiller: Maria Stuart.

5.2. Wenn es doch nichts geworden ist
Mielke, Ulrike: Der Schatten und sein Autor, Frankfurt am Main, 1995.

6. Das Buch an den Mann bringen - oder auch die Frau!
Blatter-Constantin, Martin (Hrsg.): Marketing-Erfolg im Internet, Zürich, 2003.

6.1. Wie finde ich den passenden Verlag?
Plinke, Manfred: Handbuch für Erst-Autoren - Wie ich mein Manuskript anbiete und den richtigen Verlag finde - Tipps & Checklisten, Verlage & Agenturen, Begleitbrief & Manuskriptgestaltung, Berlin, 2006

6.2. Ein anderer Name, schreiben unter Pseudonym
Weigand, Jörg: Pseudonyme - Ein Lexikon. Decknamen der Autoren deutschsprachiger erzählender Literatur, Baden-Baden, 1991.

"Wir alle können sprechen und schreiben. Dennoch fühlen sich die wenigsten zum Redner berufen. Aber jeder meint, er wäre ein großer Schriftsteller."
Hans-Joachim Kerf